Je suis né aujourd'hui
au lever du jour

Jorge Bucay

Je suis né aujourd'hui au lever du jour

*Traduit de l'espagnol (Argentine)
par Nelly Lhermillier*

ÉDITIONS

© Jorge Bucay, 1999, pour le texte original
Titre original : *Cuentos para pensar*
© Oh ! Éditions, 2004, pour la traduction française
ISBN : 2-915056-28-5

À Perla, mon épouse,
avec mon amour et ma gratitude.

Introduction

(Les trois vérités)

Nous qui passons notre temps à chercher la vérité, nous avons rencontré sur notre chemin bien des concepts qui nous ont séduits, et nous ont habités avec assez de force pour conditionner nos convictions et nos croyances.

Cependant, au bout d'un certain temps, nous avons fini par rejeter nombre de ces vérités, parce qu'elles ne supportaient pas nos remises en question intérieures, parce qu'une « nouvelle vérité » – incompatible avec les précédentes – disputait en nous les mêmes espaces ou, simplement, parce que ces vérités avaient cessé d'en être.

Quelle qu'en soit la raison, ces concepts qui avaient été pour nous des références ne l'étaient plus et, brusquement, nous nous retrouvions à la dérive. Maîtres du gouvernail de notre bateau et conscients de nos possibilités, mais incapables de tracer une route sûre.

Tandis que j'écris ceci, je me souviens tout à coup du *Petit Prince* d'Antoine de Saint-Exupéry : au cours de ses voyages dans les minuscules planètes de sa galaxie, il rencontra un géographe qui notait dans un grand registre les montagnes, les fleuves, les étoiles. Le petit prince voulut enregistrer sa fleur (celle qu'il avait laissée sur sa planète) :

— Nous ne notons pas les fleurs, dit le géographe.
— Pourquoi ça ! c'est le plus joli !
— Parce que les fleurs sont éphémères.
— Qu'est-ce que signifie : « éphémère » ?

Et le géographe expliqua au petit prince qu'« éphémère » signifie « menacé de disparition prochaine ». Quand le petit prince entendit cela, il se sentit très triste. Il avait pris conscience que sa rose était éphémère...

Je me demande donc, d'une part :
Les vérités solides comme des rochers et imperturbables comme des accidents géographiques existent-elles ?
Ou la vérité n'est-elle qu'un concept qui porte en lui l'essence fragile, fugitive des fleurs ?

D'autre part, et dans une perspective macrocosmique :

Les montagnes, les fleuves et les étoiles ne sont-ils pas eux aussi menacés de disparition prochaine ?

Qu'est-ce que « prochain » par rapport à « toujours » ?

Dans cette optique, les montagnes ne sont-elles pas éphémères elles aussi... ?

Aujourd'hui, j'aimerais essayer d'écrire sur quelques idées-montagnes, idées-fleuves, idées-étoiles que j'ai croisées sur mon chemin.

Certaines vérités, sans doute contestables pour d'autres, le seront aussi pour moi un jour ou l'autre. Mais au moment présent, elles renferment, me semble-t-il, la solidité et la fiabilité que donne indiscutablement le regard du bon sens.

1. La première de ces pensées fiables fait indissolublement partie de la philosophie gestaltique, c'est celle qui consiste à savoir que

la réalité est ce qu'elle est.

(En écrivant cela, je pense à la déception de celui qui me lit : « La réalité est ce qu'elle est... ! C'est donc ça *la* vérité ? »)

Ce concept, ignoré bien qu'incontestable, comporte trois implications qu'il me paraît important de souligner : savoir que « la réalité est ce qu'elle est » implique l'acceptation que *les faits, les choses, les situations sont comme ils sont.*

La réalité n'est pas comme il me conviendrait qu'elle fût.
Elle n'est pas comme elle devrait être.
Elle n'est pas comme on m'a dit qu'elle serait.
Elle n'est pas comme elle a été.
Elle n'est pas comme elle sera demain.
La réalité extérieure à moi est comme elle est.

Patients et élèves qui m'entendent répéter ce concept s'obstinent à y voir un relent de résignation, d'attitude lapidaire, d'abdication.
Il me paraît utile de rappeler que le changement ne peut intervenir que lorsque nous sommes conscients de la situation présente. Comment pourrions-nous tracer notre route pour New York sans savoir en quel point de la planète nous nous trouvons ?
Je ne peux me mettre en chemin que depuis mon point de départ : c'est cela accepter que les choses sont comme elles sont.

La deuxième conséquence directement liée à cette notion est que

je suis qui je suis.

De nouveau :

Je ne suis pas qui je voudrais être.
Je ne suis pas celui que je devrais être.
Je ne suis pas celui que ma mère voulait que je sois.
Je ne suis même pas celui que j'ai été.
Je suis qui je suis.

Soit dit en passant, toute notre pathologie psychique vient, selon moi, de la négation de cette phrase.

Toutes nos névroses commencent lorsque nous essayons d'être ce que nous ne sommes pas.

Dans *Laisse-moi te raconter... les chemins de la vie*, j'ai écrit à propos du rejet de soi :

> *Tout a commencé ce jour gris*
> *où tu as fièrement cessé de dire :*
> JE SUIS...
> *Et où, mi-honteux mi-craintif,*
> *tu as baissé la tête et changé*
> *tes paroles et tes attitudes*
> *pour une pensée terrible :*
> JE DEVRAIS ÊTRE...

... Et s'il est difficile d'accepter que je suis qui je suis, il est encore plus difficile d'accepter la troisième conséquence du concept « La réalité est ce qu'elle est »

Toi... tu es qui tu es.

Autrement dit :

Tu n'es pas qui j'ai besoin que tu sois.
Tu n'es pas celui que tu as été.
Tu n'es pas comme cela me convient.
Tu n'es pas comme je veux.
Tu es comme tu es.

Accepter cela, c'est te respecter et ne pas te demander de changer.

Il y a peu, je me suis mis à définir le véritable amour comme : *la tâche désintéressée consistant à créer l'espace qui permet à l'autre d'être qui il est.*

Cette première « vérité » est le *principe* (dans les deux acceptions de « proposition fondamentale » et de « règle morale » qu'a ce mot) de toute relation adulte.

Elle se matérialise lorsque je t'accepte tel que tu es et perçois que tu m'acceptes toi aussi tel que je suis.

2. La deuxième vérité que je crois indispensable, je l'emprunte à la sagesse soufie :

Rien de ce qui est bon n'est gratuit.

Et de là découlent, pour moi, au moins deux concepts.

Le premier : si je désire quelque chose qui est bon pour moi, je dois savoir que je vais payer un prix pour cela. Il va de soi que ce coût ne s'évalue pas forcément en argent (s'il ne s'agissait que d'argent, ce serait simple !). Ce prix est parfois élevé et d'autres fois très bas, mais il existe toujours. Parce que *rien* de ce qui est bon n'est gratuit.

Le second : prendre conscience que si je reçois quoi que ce soit de bon de l'extérieur, s'il m'arrive une chose agréable, si je vis des situations de plaisir et de jouissance, c'est que je les ai gagnées. J'ai payé pour elles, *je les mérite*. (Je me dois de préciser, pour prévenir les pessimistes et décourager les profiteurs, que les règlements sont toujours payables d'avance : ce que je vis de bon, je l'ai déjà payé. Il n'y a pas de paiements à tempérament !)

Quelques-uns de ceux qui m'entendent dire cela me demandent :

Et le mauvais ?

N'est-il pas vrai que le mauvais non plus n'est pas gratuit ?

S'il m'arrive une chose désagréable, est-ce aussi à cause de quelque chose que j'ai fait ? Parce que, en quelque sorte, je le mérite ?

Peut-être. Mais je parle de vérités qui pour moi sont indiscutables, sans exception, universelles. Et, pour moi, l'assertion : « Je mérite tout ce qui m'arrive, y compris le mauvais », n'est pas forcément vraie.

Je connais des gens à qui sont arrivés des malheurs et des chagrins qu'ils ne méritaient sûrement pas !

Intégrer cette vérité (« Rien de ce qui est bon n'est gratuit »), c'est abandonner pour toujours l'idée infantile que quelqu'un doit me donner quelque chose parce que c'est comme ça, parce que je le veux. Que la vie doit me donner ce que je désire « uniquement parce que je le désire », seulement par chance, par magie.

3. Enfin, la troisième idée que je crois être un point de repère pourrait s'annoncer de la façon suivante :

Il est vrai qu'une personne ne peut faire tout ce qu'elle veut, mais toute personne peut ne jamais faire ce qu'elle ne veut pas.

Je répète :

Ne jamais faire ce que je ne veux pas.

Intégrer ce concept comme une référence réelle, c'est-à-dire vivre en cohérence avec cette idée, n'est pas facile. Et, surtout, ce n'est pas gratuit. (Rien de ce qui est bon ne l'est, et c'est bien ainsi.)

Ce que je dis, c'est que si je suis un adulte, personne ne peut m'obliger à faire ce que je ne veux pas faire. Le pire qui puisse m'arriver, en tout cas, c'est que je doive le payer de ma vie. (Non que je minimise ce coût, mais je persiste à penser que *croire que je ne peux le faire* est différent de *savoir que le faire me coûterait la vie.*)

Cependant, au quotidien, dans la vie courante, les prix sont rarement aussi élevés. En général, la seule chose qui soit nécessaire, c'est d'intégrer la capacité de renoncer à ce que quelques-uns parmi les autres m'approuvent, m'applaudissent, m'aiment. (Le coût, comme j'aime l'appeler, c'est que lorsque quelqu'un ose dire « non », il découvre certains aspects inconnus de ses amis : la nuque, le dos et toutes ces autres parties que l'on ne voit qu'au moment où l'autre s'en va.)

Ces trois vérités sont pour moi des idées-montagnes, des idées-fleuves, des idées-étoiles.

Des vérités qui continuent d'être vraies à travers le temps et les circonstances.

Des concepts qui ne sont pas relatifs à des moments donnés, mais à tous et à chacun des instants que, additionnés, nous avons coutume d'appeler « la vie ».

Le chercheur

Il y a deux ans, alors que je terminais une conférence s'adressant à des couples, je racontai, comme j'ai coutume de le faire, une histoire en guise de cadeau d'adieu. À ma grande surprise, cette fois, quelqu'un dans l'assistance se leva, proposant de m'offrir une histoire. J'écris à présent ce conte que j'aime tant à la mémoire de mon ami Jay Rabon.

C'EST L'HISTOIRE d'un homme que je définirais comme un chercheur...

Un chercheur est quelqu'un qui cherche, pas forcément quelqu'un qui trouve.

Ce n'est pas non plus quelqu'un qui, nécessairement, sait ce qu'il cherche. C'est simplement quelqu'un dont la vie est une quête.

Un jour, ce chercheur eut le sentiment qu'il devait se rendre à la ville de Kammir. Il avait appris à tenir rigoureusement compte de ces sensations qui venaient d'un endroit inconnu de lui-même. Aussi, il quitta tout et partit.

Au bout de deux jours de marche sur les chemins poudreux, il aperçut au loin Kammir. Un peu avant d'arriver à la ville, une colline à droite du sentier attira vivement son attention. Merveilleusement verte, elle était couverte d'arbres, de fleurs, d'oiseaux enchanteurs, et entièrement entourée d'une sorte de petite palissade en bois verni.

Un portillon en bronze l'invitait à entrer.

Il eut tout à coup l'impression d'oublier la ville et succomba à la tentation de se reposer un moment en ce lieu.

Le chercheur franchit le portillon et avança lentement entre les pierres blanches, qui semblaient éparpillées un peu au hasard, entre les arbres.

Il laissa ses yeux se poser comme des papillons sur chaque détail de ce paradis multicolore.

Ses yeux étaient ceux d'un chercheur et, sans doute pour cette raison, il découvrit cette inscription sur l'une des pierres :

Abdul Tareg, vécut 8 ans,
6 mois 2 semaines et 3 jours

Il eut un léger sursaut en prenant conscience que cette pierre n'était pas une pierre ordinaire : il s'agissait d'une pierre tombale.

Il éprouva une peine immense à la pensée qu'un si jeune enfant était enterré là.

Regardant autour de lui, l'homme se rendit compte que la pierre d'à côté portait également une inscription. Il s'approcha pour la lire :

Yamir Kalib, vécut 5 ans,
8 mois et 3 semaines

Le chercheur se sentit envahi d'une terrible émotion.

Cet endroit merveilleux était un cimetière, et chacune des pierres, une tombe.

Une à une, il entreprit de lire les pierres tombales.

Toutes portaient des inscriptions semblables : un nom et la durée de vie exacte du défunt.

Mais ce qui le plongea dans l'épouvante, ce fut de constater que celui qui avait vécu le plus longtemps avait à peine plus de onze ans... Accablé par un effroyable chagrin, il s'assit et se mit à pleurer.

Passant par là, le gardien du cimetière s'approcha.

Il le regarda un moment en silence, puis lui demanda s'il pleurait un membre de sa famille.

« Non, aucun parent, dit le chercheur. Que se passe-t-il avec cette population? Quelle chose si terrible y a-t-il dans cette ville? Pourquoi tant d'enfants défunts enterrés en ce lieu? Quelle est l'horrible malédiction qui pèse sur ces gens et les a obligés à construire un cimetière d'enfants?!!! »

Le vieil homme sourit et dit :

« Calmez-vous. Il n'y a aucune malédiction. Ce qui se passe, c'est que nous avons ici une vieille coutume. Je vais vous raconter...

« Lorsqu'un adolescent entre en sa quinzième année, ses parents lui font présent d'un carnet comme celui que j'ai ici, pendu à mon cou. Il est de tradition chez nous, à partir de ce moment, que chaque fois qu'on jouit intensément de quelque chose, on ouvre le carnet et on note dedans :

à gauche, ce qui a donné de la joie...
à droite, combien de temps a duré cette joie.

« Il a rencontré sa fiancée, il en est tombé amoureux. Combien de temps a duré cette

22

immense passion et le plaisir de la connaître ?
Une semaine, deux, trois semaines et demie ?...

« Et ensuite... l'émotion du premier baiser, le merveilleux plaisir du premier baiser, combien de temps a-t-il duré ? La minute et demie du baiser, deux jours, une semaine ?

« Et la grossesse de sa femme, la naissance de son premier enfant ?

« Et le mariage de ses amis ?

« Et le voyage le plus désiré ?

« Et les retrouvailles avec le frère rentré d'un pays lointain ?

« Combien de temps a duré la joie donnée par ces situations ?

« Des heures, des jours ?...

« Ainsi notons-nous peu à peu, dans ce carnet, chaque moment dont nous jouissons... chaque moment.

« Lorsque quelqu'un meurt,
nous avons coutume d'ouvrir son carnet
**et de faire la somme des moments de joie
pour l'inscrire sur sa tombe.
Parce que, pour nous, *ce temps*
est le seul et véritable temps VÉCU.**

L'ennemi redouté

L'idée de ce conte m'est venue en écoutant un récit d'Enrique Mariscal [1]. Je me suis permis de le prolonger pour en faire une autre histoire chargée d'un autre message et d'un autre sens. Tel qu'il est à présent, un soir, je l'ai raconté à mon ami Norbi.

IL ÉTAIT UNE FOIS, en un très lointain royaume perdu au bout du monde, un roi qui aimait énormément se sentir puissant. Son désir de pouvoir ne se satisfaisait pas simplement d'en avoir, il lui fallait en outre que tous l'admirent pour sa puissance. De même qu'il ne suffisait pas à la belle-mère de Blanche-Neige de se trouver belle, lui aussi avait besoin de se regarder dans un miroir qui lui dît combien il était puissant. Il n'avait

---

1. Mariscal, Enrique : Professeur de philosophie et consultant auprès de l'Unesco et de l'OMS.

pas de miroir magique, mais il était entouré d'un tas de courtisans et de serviteurs à qui demander s'il était bien le plus puissant du royaume.

Invariablement, tous lui répondaient la même chose :

« Altesse, tu es très puissant, mais tu sais que le mage a un pouvoir que personne ne possède. *Il connaît l'avenir.* »

(À cette époque, alchimistes, philosophes, penseurs, religieux et mystiques étaient génériquement qualifiés de « mages ».)

Le roi éprouvait une profonde jalousie à l'égard du mage du royaume, car non seulement celui-ci avait la réputation d'être un homme bon et généreux, mais en outre tous l'aimaient, l'admiraient et se réjouissaient qu'il existât et vécût parmi eux.

Ils ne disaient pas la même chose du roi.

Son besoin de démontrer que c'était lui qui dirigeait faisait que le roi n'était ni juste ni impartial, et encore moins bienveillant.

Un jour, las d'entendre les gens lui raconter combien le mage était puissant et aimé, ou motivé par ce mélange de jalousie et de crainte que fait naître l'envie, le roi manigança un plan : il organiserait une grande fête à laquelle il inviterait le mage. Après le dîner, il réclamerait l'attention de tous. Il appellerait le mage au centre du salon et, devant les courtisans, il lui demanderait s'il était vrai qu'il savait lire l'avenir. L'invité aurait deux possibilités : répondre que non, et décevoir ainsi l'admiration de tous ; ou répondre que oui, et confirmer ce qui lui valait sa réputation. Le roi avait la certitude qu'il choisirait la seconde possibilité. Alors, il lui demanderait de dire à quelle date le mage du royaume allait mourir. Celui-ci donnerait une réponse, un jour quelconque, peu importait. À cet instant, le roi avait l'intention de dégainer son épée et de le tuer. De la sorte, il ferait d'une pierre deux coups : d'abord, il se débarrasserait de son ennemi pour toujours ; ensuite, il démontrerait que le mage ne savait pas lire l'avenir puisqu'il se serait trompé dans sa prédiction. En une seule nuit disparaîtraient le mage et le mythe à propos de ses pouvoirs.

Les préparatifs commencèrent aussitôt, et bientôt le jour de la fête arriva.

Après le grand dîner, le roi fit venir le mage au centre et lui demanda :

« Est-il vrai que tu saches lire l'avenir ?

— Un peu, dit le mage.

— Et peux-tu lire ton propre avenir ? demanda le roi.

— Un peu, dit le mage.

— Dans ce cas, je veux que tu m'en donnes une preuve, dit le roi. Quel jour mourras-tu ? Quelle est la date de ta mort ? »

Le mage sourit, le regarda dans les yeux et ne répondit pas.

« Que se passe-t-il, mage ? dit le roi en souriant. Tu ne le sais pas ? N'est-il pas vrai que tu puisses lire l'avenir ?

— Ce n'est pas cela, dit le mage, mais ce que je sais, je n'ose pas te le dire.

— Comment, tu n'oses pas ? dit le roi... Je suis ton souverain et je t'ordonne de me le dire. Tu as certainement conscience qu'il est très important pour le royaume de savoir quand il perdra ses personnages les plus éminents. Réponds-moi donc. Quand mourra le mage du royaume ? »

Après un lourd silence, celui-ci regarda le roi et dit :

« Je ne peux te préciser la date, mais je sais que le mage mourra exactement un jour avant le roi... »

Pendant quelques instants, le temps s'arrêta.

Un murmure parcourut l'assemblée des invités.

Le roi avait toujours dit qu'il ne croyait ni aux mages ni aux prédictions, mais ce qui est sûr, c'est qu'il ne prit pas le risque de tuer le mage.

Lentement, le souverain baissa les bras et resta silencieux.

Les pensées se bousculaient dans sa tête...

Il se rendit compte qu'il s'était trompé.

Sa haine avait été une très mauvaise conseillère.

« Altesse, tu es tout pâle. Que t'arrive-t-il ? demanda l'invité.

— Je ne me sens pas bien, répondit le monarque. Je vais me retirer dans ma chambre. Je te remercie d'être venu. »

Et, dans un mouvement confus, en silence, il fit demi-tour et s'achemina, songeur, vers ses appartements...

Le mage était rusé, il avait donné la seule réponse qui pouvait lui éviter la mort.

Avait-il lu dans les pensées de son roi ?

La prédiction ne pouvait être sûre. Mais si elle l'était ?...

Le souverain était déconcerté...

Il lui vint à l'esprit qu'il serait tragique qu'il advînt quelque incident fâcheux au mage lorsqu'il rentrerait chez lui.

Le roi revint sur ses pas et dit à voix haute :
« Mage, tu es célèbre dans le royaume en raison de ta sagesse. Je te prie de passer cette nuit au palais. Je voudrais te consulter demain sur quelques décisions royales.
— Majesté ! Ce sera un grand honneur..., dit l'invité en s'inclinant. »

Le roi ordonna à ses gardes personnels d'accompagner le mage jusqu'aux appartements des invités du palais et de garder sa porte pour s'assurer qu'il ne lui arrive rien.
Cette nuit-là, le souverain ne put trouver le sommeil. Il était très inquiet en pensant à ce qui se passerait si le mage digérait mal le dîner, ou s'il se faisait accidentellement mal pendant la nuit, ou si, tout simplement, son heure était venue.
Très tôt le lendemain, le roi frappa à la porte des appartements de son invité.
Jamais de sa vie il ne lui était venu à l'idée d'aller consulter quelqu'un avant de prendre ses décisions, mais cette fois, lorsque le mage le reçut, il lui posa sa question... Il lui fallait un prétexte.

Et le mage, qui était un sage, lui donna une réponse correcte, originale et juste.

L'ayant à peine écoutée, le roi loua son hôte pour son intelligence et lui demanda de rester un jour de plus, prétextant vouloir le « consulter » sur une autre affaire... (Évidemment, le roi tenait seulement à s'assurer qu'il ne lui arriverait rien.)

Le mage – qui jouissait de la liberté que seuls acquièrent les éveillés – accepta.

Dès lors, chaque jour, le matin ou l'après-midi, le roi se rendait dans les appartements du mage pour le consulter et il prenait rendez-vous pour une nouvelle consultation le lendemain.

Il ne se passa pas longtemps avant que le roi prît conscience que les suggestions de son nouveau conseiller étaient toujours justes et finît, presque sans s'en apercevoir, par en tenir compte dans chacune de ses décisions.

Les mois passèrent, puis les années.

Et, comme toujours, se vérifia l'adage : *Être près de celui qui sait rend plus sage celui qui ne sait pas.*

Au fil des jours, le roi devint plus juste.

Il n'était plus despotique ni autoritaire. Il cessa d'avoir besoin de se sentir puissant et, sans doute pour cette raison, de vouloir démontrer son pouvoir.

Il s'aperçut que l'humilité aussi pouvait avoir ses avantages.

Il se mit à régner d'une manière plus sage et bienveillante.

Et il advint que son peuple se mit à l'aimer comme jamais il ne l'avait aimé auparavant.

Le roi n'allait plus voir le mage pour l'interroger sur sa santé, mais vraiment pour apprendre, pour partager une décision ou simplement bavarder.

Le roi et le mage finirent par devenir d'excellents amis.

Jusqu'à ce qu'un jour, plus de quatre ans après ce dîner, sans raison, le roi se souvînt.

Il se souvint que cet homme qu'il considérait à présent comme son meilleur ami avait été son ennemi le plus détesté.

Il se souvint de ce plan qu'il avait conçu pour le tuer.

Et il se rendit compte qu'il ne pouvait continuer à garder ce secret sans se sentir hypocrite.

Le roi rassembla son courage et alla jusqu'aux appartements du mage. Il frappa à la porte et, dès qu'il fut entré, lui dit :

« Mon frère, j'ai quelque chose à te dire qui me serre la poitrine.

— Dis-moi, répondit le mage, et soulage ton cœur.

— Le soir où je t'ai invité à dîner et t'ai interrogé sur ta mort, en fait, je ne voulais rien savoir de ton avenir. J'avais l'intention de te tuer, quelle que soit la réponse que tu me donnerais. Je voulais que ta mort inattendue démystifie ta réputation de devin. Je te haïssais parce que tout le monde t'aimait... J'ai tellement honte. »

Le roi poussa un profond soupir et poursuivit :

« Ce soir-là, je n'ai pas osé te tuer, et maintenant que nous sommes amis, et plus qu'amis, frères, je suis terrifié à la pensée de tout ce que j'aurais perdu si je l'avais fait. Aujourd'hui, j'ai eu le sentiment que je ne pouvais continuer à te cacher mon infamie. Il me fallait te dire tout cela afin que tu me pardonnes ou me méprises, mais sans duplicité. »

Le mage le regarda et lui dit :

« Tu as tardé longtemps avant de pouvoir me le dire, mais quoi qu'il en soit, je suis heureux que tu l'aies fait, parce que c'est la seule chose qui pouvait me permettre de te dire que *je le savais*. Lorsque tu m'as posé la question en caressant de ta main la poignée de ton épée, tes intentions étaient si claires qu'il n'était nul besoin d'être devin pour les deviner. »

Le mage sourit et posa sa main sur l'épaule du roi.

« Comme juste réponse à ta sincérité, je dois te dire que moi aussi je t'ai menti. Je t'avoue que j'ai inventé cette histoire absurde de ma mort avant la tienne pour te donner une leçon. Une leçon que tu es aujourd'hui en mesure d'apprendre. Peut-être est-ce la chose la plus importante que je t'aie enseignée :

Nous allons de par le monde en haïssant et rejetant des aspects d'autrui et de nous-mêmes que nous croyons méprisables, menaçants ou inutiles... Cependant, si nous prenons le temps, nous finissons par nous rendre compte de tout ce qu'il nous en coûterait de vivre sans ces choses que nous avons rejetées à un moment donné.

« Ta mort, mon cher ami, adviendra exactement le jour de *ta* mort, pas une minute plus tôt. Il est important que tu saches que je suis vieux, et que mon heure est certainement proche. Il n'y a aucune raison de penser que ton départ doive être lié au mien. Ce sont nos vies qui sont liées, pas nos morts. »

Le roi et le mage s'étreignirent et trinquèrent à la confiance que chacun ressentait dans cette relation qu'ils avaient su construire ensemble.

> La légende raconte
> que mystérieusement,
> cette nuit même,
> le mage ..
> mourut dans son sommeil.

Le roi apprit la mauvaise nouvelle le lendemain matin... et il se sentit désolé. Il n'était pas angoissé à l'idée de sa propre mort. Le mage lui avait enseigné à se détacher de tout, y compris de sa permanence en ce monde.

Il était triste de la mort de son ami. Quelle étrange coïncidence avait fait que le roi pût raconter cela au mage juste la veille de sa mort ?

Peut-être, de façon mystérieuse, le mage avait-il fait en sorte qu'il pût lui dire cela pour pouvoir le libérer de sa peur de mourir un jour plus tard.

Un ultime acte d'amour pour le libérer de ses craintes d'un autre temps...

On raconte que le roi se leva et que, de ses propres mains, il creusa dans le jardin, sous sa fenêtre, une tombe pour son ami le mage.

Il y enterra son corps et le reste de la journée demeura à côté du monticule de terre, pleurant comme on ne pleure que lorsqu'on est confronté à la perte des êtres les plus chers.

Et à la nuit tombée, le roi rentra dans ses appartements.

La légende raconte que cette nuit-là, vingt-quatre heures après la mort du mage, le roi mourut dans son sommeil.

Peut-être par hasard...

Peut-être de douleur...

Peut-être pour attester le dernier enseignement de son maître.

Sans vouloir savoir

Et s'il est vrai que tu as cessé de m'aimer...
je te le demande,
s'il te plaît,
ne me le dis pas!...

J'ai besoin aujourd'hui
et encore
de voguer
innocemment dans tes mensonges...

Je dormirai en souriant
et très paisible.
Je me réveillerai
très tôt le matin.

Et je reprendrai la mer,
je te le promets...

Je suis né aujourd'hui...

Mais cette fois...
sans un soupçon de protestation ou de résistance,
je ferai naufrage de bon cœur et sans réserve
dans la profonde immensité de ton abandon...

Jean Sansjambes

(...Ou l'art d'égaliser par le bas)

Jean Sansjambes était bûcheron de son métier.

Un jour, il s'acheta une scie électrique en pensant qu'elle rendrait son travail plus léger.

L'idée eût été bonne s'il avait pris auparavant la précaution d'apprendre à s'en servir, mais il n'en fit rien.

Un matin, alors que le bûcheron travaillait dans la forêt, le hurlement d'un loup détourna son attention... La scie électrique glissa de ses mains et Jean se blessa grièvement les deux jambes.

Les médecins ne purent rien faire pour les sauver, et c'est ainsi que Jean Sansjambes, en quelque sorte victime de la résolution prophétique de son nom, resta définitivement cloué dans une chaise roulante pour le restant de ses jours.

Jean fut déprimé pendant des mois à la suite de l'accident, mais au bout d'un an, peu à peu, il semblait commencer à remonter la pente.

Cependant, quelque chose conspira contre le recouvrement de sa santé psychique, et il retomba tout à coup dans une profonde et inimaginable dépression.

Les médecins lui conseillèrent d'aller voir un psychiatre.

Après avoir un peu résisté, Jean Sansjambes se rendit à une consultation.

Le psychiatre était aimable et rassurant. Jean se sentit rapidement en confiance et il lui raconta succinctement les faits qui l'avaient plongé dans cet état d'âme.

Le psychiatre lui dit qu'il comprenait sa dépression. La perte de ses jambes la justifiait tout à fait.

« Ce n'est pas cela docteur, dit Jean. Ma dépression n'a rien à voir avec la perte de mes jambes. L'invalidité n'est pas ce qui me dérange le plus. Ce qui me fait le plus de mal, c'est le changement survenu dans ma relation avec mes amis. »

Le psychiatre ouvrit de grands yeux et le fixa un instant, attendant que Jean Sansjambes achevât son explication.

« Avant l'accident, mes amis venaient me chercher tous les vendredis pour aller danser. Une ou deux fois par semaine, nous nous réunissions pour aller barboter dans la rivière et faire des compétitions de natation. Jusqu'à peu avant mon amputation, je sortais le dimanche de bonne heure avec quelques-uns de mes amis pour courir sur la promenade du bord de mer. Pourtant, il semble que du seul fait de cet accident, non seulement j'ai perdu mes jambes, mais aussi l'envie qu'avaient mes amis de partager ces distractions avec moi. Depuis, aucun d'eux n'est revenu m'inviter. »

Le psychiatre le regarda, puis sourit.

Il avait du mal à croire que Jean Sansjambes ne voie pas l'absurdité de son raisonnement...

Il décida cependant de lui expliquer clairement la situation. Il savait mieux que personne que l'esprit possède des ressources si particulières qu'elles peuvent rendre quelqu'un incapable de comprendre ce qui est évident et avéré.

Le psychiatre expliqua à Jean Sansjambes que ses amis ne l'évitaient pas par manque d'amour ou par rejet. Même si cela était douloureux, l'accident avait modifié la réalité. Que cela lui plaise ou non, il n'était plus le compagnon idéal pour faire les choses qu'ils partageaient autrefois...

« Mais docteur, interrompit Jean Sansjambes. Je sais que je peux nager, courir et même danser. Par chance, j'ai appris à manœuvrer ma chaise roulante et rien de cela ne m'est interdit... »

Le docteur l'apaisa et continua son exposé : bien sûr, rien ne s'opposait à ce qu'il continue à faire les mêmes choses. Qui plus est, il était d'une grande importance qu'il continue à s'adonner à ces loisirs. Simplement, il était difficile de pouvoir encore les partager avec ses amis d'autrefois.

Le psychiatre expliqua à Jean qu'il pouvait certes nager, mais qu'il devait faire des compétitions avec ceux qui avaient les mêmes difficultés... Qu'il pouvait aller danser, mais dans des clubs et avec d'autres personnes qui n'avaient plus de jambes... Il pouvait aller s'entraîner sur la promenade au bord de la mer, mais il devait apprendre à le faire avec d'autres handicapés.

Il devait comprendre que ses amis ne seraient plus désormais à ses côtés comme autrefois, parce que maintenant, entre lui et eux, les conditions avaient changé... Ils n'étaient plus semblables.

Pour ces activités qu'il avait envie de pratiquer, et d'autres encore, mieux valait qu'il s'habitue à les partager avec ses égaux. Il devait donc consacrer son énergie à instaurer de nouvelles relations avec des personnes comme lui.

Jean sentit un voile s'ouvrir dans son esprit, et cette sensation le tranquillisa.

« Je ne pourrai jamais assez vous remercier de votre aide, docteur, dit Jean. Je suis venu presque forcé par vos collègues, mais maintenant je vois qu'ils avaient raison. J'ai compris votre message et je vous assure que je suivrai vos conseils. Merci beaucoup, docteur, cela a vraiment été utile de venir vous consulter. »

Jean Sansjambes

« De nouvelles relations avec des semblables »,
se répéta Jean pour ne pas l'oublier.

Jean Sansjambes quitta le cabinet du psychiatre
et rentra chez lui...

Il remit sa scie électrique en état...

Il avait l'intention de couper les jambes de tous
ses amis et, ainsi, de « fabriquer »... quelques
semblables.

Se rendre compte

Cette histoire s'inspire du poème d'un moine tibétain, Rimpoché, que j'ai réécrit à ma manière pour montrer une autre des caractéristiques que nous avons, nous autres humains.

JE ME LÈVE un matin,
je sors de chez moi.
Il y a un trou dans le trottoir.
Je ne le vois pas
et je tombe dedans.

Le lendemain,
je sors de chez moi,
j'oublie qu'il y a un trou dans le trottoir,
et je retombe dedans.

Le troisième jour,
je sors de chez moi en essayant de me souvenir
qu'il y a un trou dans le trottoir.

Je suis né aujourd'hui...

Cependant,
je ne m'en souviens pas,
et je tombe dedans.

Le quatrième jour,
je sors de chez moi en essayant de me souvenir
du trou dans le trottoir.
Je m'en souviens et,
malgré cela,
je ne vois pas le trou
et tombe dedans.

Le cinquième jour,
je sors de chez moi.
Je me souviens que je dois penser
au trou dans le trottoir
et je marche en regardant par terre.
Et je le vois, mais,
bien que je le voie,
je tombe dedans.

Le sixième jour,
je sors de chez moi.
Je me souviens du trou dans le trottoir.
Je le cherche du regard.
Je le vois,

j'essaie de le sauter,
mais je tombe dedans.

Le septième jour,
je sors de chez moi,
je vois le trou,
je prends mon élan,
je saute,
de la pointe des pieds je frôle le bord opposé,
mais ce n'est pas suffisant et je tombe
dedans.

Le huitième jour,
je sors de chez moi,
je vois le trou,
je prends mon élan,
je saute,
j'arrive de l'autre côté !
Je me sens si fier d'y être parvenu
que je saute de joie...
et, ce faisant,
je tombe à nouveau dans le trou.

Le neuvième jour,
je sors de chez moi,
je vois le trou,
je prends mon élan,

je saute,
et continue mon chemin.

Le dixième jour,
aujourd'hui justement,
je me rends compte
qu'il est plus pratique
d'emprunter...
le trottoir d'en face.

Le conte dans le conte

Cela faisait des mois qu'il vivait effrayé par de terribles pensées de mort, qui le tourmentaient surtout la nuit. Il se couchait en craignant de ne pas voir l'aube se lever, et n'arrivait pas à s'endormir avant que le soleil fît son apparition, parfois tout juste une heure avant de devoir se lever pour aller travailler. Lorsqu'il apprit que l'*Éveillé* passerait la nuit dans les environs de son village, il se rendit compte qu'il avait par là une chance inespérée, car il n'était pas fréquent que les voyageurs passent, même à proximité de ce village perdu dans les montagnes de Chaldée.

Sa réputation précédait le mystérieux visiteur, et bien que personne ne l'eût vu, on disait que ce maître avait des réponses à toutes les questions. C'est pourquoi ce matin-là, sans que personne chez lui ne le remarquât, il alla lui rendre visite dans la tente qu'il avait dressée au bord de la rivière.

Lorsqu'il arriva, le soleil venait de se détacher de l'horizon.

Il trouva l'*Éveillé* en train de méditer.

Il attendit respectueusement quelques minutes, jusqu'à ce que le maître remarquât sa présence... À ce moment, comme s'il l'attendait, il se tourna vers lui et, avec une expression paisible, le regarda dans les yeux en silence.

« Maître, aide-moi, dit l'homme. De terribles pensées assaillent mes nuits et je n'ai ni paix ni courage pour me reposer et profiter des choses de la vie. On dit que tu résous tout. Aide-moi à échapper à cette angoisse... »

Le maître sourit et lui dit :

« Je vais te raconter une histoire.

« Un homme riche envoya son domestique au marché acheter de la nourriture. Mais à peine arrivé, il croisa la mort, qui le regarda fixement dans les yeux.

« Le serviteur pâlit de frayeur et partit en courant, abandonnant ses achats et sa mule. Haletant, il arriva chez son maître :

« " Maître, maître ! Je vous en prie, j'ai besoin d'un cheval et d'un peu d'argent pour quitter la ville à l'instant même... Si je pars tout de suite, peut-être arriverai-je à Tamur avant la nuit... Je vous en prie, maître, je vous en prie ! "

« Le maître l'interrogea sur le motif d'une requête si urgente et le domestique lui raconta précipitamment sa rencontre avec la mort.

« Le maître de maison réfléchit un instant et, lui tendant une bourse d'argent, lui dit :

« " C'est bien. Va-t'en. Prends le cheval noir, c'est le plus rapide que je possède.

— Merci, maître, dit le domestique. "

Et après lui avoir baisé les mains, il courut à l'écurie, sauta sur le cheval et partit à bride abattue vers la ville de Tamur.

« Lorsque le serviteur eut disparu à sa vue, l'homme riche se mit en route vers le marché à la recherche de la mort.

« " Pourquoi as-tu effrayé mon serviteur ? lui demanda-t-il lorsqu'il la vit.

« — L'effrayer, moi ? s'étonna la mort.

« — Oui, dit l'homme riche. Il m'a dit qu'il t'a croisée aujourd'hui et que tu l'as regardé de façon menaçante.

« — Je ne l'ai pas regardé de façon menaçante, dit la mort. Je l'ai regardé avec surprise. Je ne m'attendais pas à le voir ici cet après-midi, puisque je suis censée le prendre cette nuit à Tamur. " »

« Tu comprends ? demanda l'*Éveillé*.

— Bien sûr que je comprends, maître. Tenter

d'échapper aux mauvaises pensées, c'est aller les chercher. Fuir la mort, c'est aller à sa rencontre.

— C'est ainsi.

— Je dois te remercier de tant de choses, maître..., dit l'homme. J'ai le sentiment que dès cette nuit je vais dormir si paisiblement, au souvenir de cette histoire, que le matin je me lèverai serein...

— Dès cette nuit..., interrompit le vieillard, il n'y aura plus d'autres matins.

— Je ne comprends pas, dit l'homme.

— Alors, tu n'as pas compris le conte. »

L'homme, surpris, regarda l'*Éveillé*.

et vit que l'expression de son visage...

n'était déjà plus la même.

Cupidité

En creusant pour dresser une clôture entre mon terrain et celui de mes voisins, j'ai trouvé, enterré dans le jardin, un vieux coffre rempli de pièces d'or.

Moi, ce n'est pas la richesse qui m'a intéressé, mais l'étrangeté de la découverte.

Je n'ai jamais été ambitieux, et les biens matériels m'importent peu...

Après avoir exhumé le coffre, j'ai sorti les pièces et les ai fait briller. Elles étaient toutes sales et rouillées, les pauvres !

Tandis que je les empilais soigneusement sur ma table, je les ai comptées...

Elles représentaient une véritable fortune.

À seule fin de passer le temps, je me suis mis à imaginer toutes les choses qu'on pourrait acheter avec...

Je pensais au plaisir qu'aurait un cupide qui tomberait sur pareil trésor...

Par chance...
Par chance, ce n'était pas mon cas...

Aujourd'hui, un monsieur est venu réclamer ces pièces.
C'était mon voisin.
Il soutenait, le misérable, que ces pièces avaient été enterrées par son grand-père et que, par conséquent, elles lui appartenaient.

Il souleva en moi un tel dégoût...
... *que je le tuai!*

Si je ne l'avais pas vu *aussi* anxieux de les avoir, je les lui aurais données, car s'il est des choses qui n'ont pour moi aucune importance, ce sont celles qu'on achète avec de l'argent...
Mais ce que je ne supporte vraiment pas, ce sont les gens cupides...

L'ours

Certains contes sont particulièrement élo-
quents à mes yeux. L'un d'eux est cette histoire
très ancienne que mon grand-père m'a un jour
racontée, et que je veux vous transmettre telle
que je m'en souviens.

C'EST L'HISTOIRE d'un tailleur, d'un tsar et
de son ours.

Un jour, le tsar découvrit qu'un des bou-
tons de sa veste préférée était tombé.

C'était un tsar capricieux, autoritaire et
cruel (comme tous ceux qui sont trop
longtemps mêlés au pouvoir). Rendu
furieux par l'absence du bouton, il envoya
chercher le tailleur et ordonna qu'il fût
décapité le lendemain matin par la hache
du bourreau.

Personne ne contredisait l'empereur de
toutes les Russies, aussi la garde impériale

s'en fut-elle à la maison du tailleur et, l'arrachant aux bras de sa famille, l'emmena au cachot du palais pour y attendre sa mort.

À la tombée de la nuit, quand le geôlier apporta au tailleur son dernier repas, celui-ci hocha la tête et murmura : « Pauvre tsar. »

Le garde ne put s'empêcher de rire aux éclats :

« Pauvre tsar ? Pauvre de toi ! Ta tête va rouler très loin de ton corps demain matin.

— Tu ne comprends pas, dit le tailleur. Qu'est-ce qui est le plus important pour notre tsar ?

— Le plus important ? répondit le garde. Je ne sais pas. Son peuple.

— Ne sois pas stupide. Je veux dire quelque chose de vraiment important pour lui.

— Son épouse ?

— Plus important !

— Les diamants ! crut deviner le gardien.

— Qu'est-ce qui pour le tsar est le plus important au monde ?

— Ça y est, je sais ! Son ours.

— C'est ça. Son ours.

— Et alors ?

— Eh bien demain, quand le bourreau en aura fini avec moi, le tsar perdra sa seule chance d'entendre son ours parler.

— Tu es dompteur d'ours ?

— Un vieux secret de famille…, dit le tailleur. Pauvre tsar… »

Désireux de gagner les faveurs du tsar, le pauvre garde courut raconter sa découverte au souverain.

Le tailleur savait apprendre à parler aux ours !

Ravi, le tsar manda aussitôt le tailleur et, lorsqu'il l'eut devant lui, il lui ordonna :

« Apprends à mon ours à parler notre langue ! »

Le tailleur baissa la tête :

« Mon plus grand désir serait de vous complaire, Altesse, mais apprendre à parler à un ours est une tâche difficile, qui prend du temps… Et justement, le temps, c'est ce qui me manque le plus.

— Combien de temps il faudrait pour cet apprentissage ? demanda le tsar.

— Cela dépend de l'intelligence de l'ours…

— Mon ours est très intelligent ! l'interrompit le tsar. En fait, c'est l'ours le plus intelligent de tous les ours de Russie.

— Eh bien, si l'ours est intelligent... et qu'il a envie d'apprendre... je crois... que l'apprentissage durerait... durerait... pas moins de... deux ans ! »

Le tsar réfléchit un moment, puis ordonna : « Bien. Ta peine sera suspendue pendant deux ans, au cours desquels tu dispenseras ton enseignement à mon ours. Tu commenceras demain !

— Altesse, dit le tailleur, si vous donnez au bourreau l'ordre de s'occuper de ma tête, demain je serai mort, et ma famille devra se débrouiller pour survivre. Mais si vous commuez la peine, je n'aurai pas le temps de m'occuper de votre ours. Je devrai travailler pour entretenir ma famille...

— Ce n'est pas un problème, dit le tsar. À partir d'aujourd'hui, et pendant deux ans, toi et ta famille serez sous la protection royale. Vous serez habillés, nourris et éduqués avec l'argent du tsar, et rien de ce dont vous aurez besoin ou que vous désirerez ne vous sera refusé... Mais n'oublie pas : si dans deux ans l'ours ne parle pas... tu te repentiras d'avoir imaginé cette proposition... Tu regretteras de ne pas avoir été occis par le bourreau... Tu as bien compris ?

— Oui, Altesse.

— Bien... Gardes! cria le tsar. Conduisez le tailleur chez lui dans le carrosse de la Cour. Donnez-lui deux bourses d'or, de la nourriture et des cadeaux pour ses enfants. Allez... Dehors! »

Le tailleur, courbé et marchant à reculons, se retira lentement en marmottant des remerciements.

« N'oublie pas, lui dit le tsar en pointant le doigt sur son front. Si dans deux ans l'ours ne parle pas... »

Alors que chez lui tous pleuraient la perte du père de famille, le tailleur apparut dans le carrosse du tsar, souriant, heureux, avec des cadeaux pour tous.

L'épouse du tailleur ne pouvait en croire ses yeux. Son mari, qui quelques heures auparavant avait été emmené en prison, revenait maintenant triomphant, riche, exultant...

Lorsqu'ils furent seuls, l'homme lui raconta les faits.

« Tu es FOU! cria la femme. Apprendre à parler à l'ours du tsar! Toi qui n'as même jamais vu un ours de près. Tu es fou. Apprendre à parler à un ours... Tu es complètement fou...

— Du calme, ma femme, du calme. Écoute, on allait me couper la tête demain au lever du jour, et à présent j'ai deux ans devant moi. En deux ans, il peut se passer tant de choses...

« En deux ans, poursuivit le tailleur, le tsar peut mourir... je peux mourir moi-même... Et, plus important : si ça se trouve, l'ours sait parler ! »

Seulement par amour

Je marche sur mon chemin.

Mon chemin est une route qui n'a qu'une voie : la mienne.

À ma gauche, un mur sans fin sépare mon chemin du chemin de quelqu'un qui se déplace à côté de moi, de l'autre côté du mur.

De place en place, dans ce mur, je découvre un trou, une fenêtre, une fente... Et je peux regarder le chemin de mon voisin, ou de ma voisine.

Un jour, tandis que je marche, il me semble voir, de l'autre côté du mur, une silhouette qui se déplace à mon rythme, dans la même direction que moi.

Je regarde cette silhouette : c'est une femme. Elle est très belle.

Elle aussi me voit. Elle me regarde.

De nouveau je la regarde.

Je lui souris... et elle me sourit.

Un peu plus tard, elle se remet en chemin et je presse le pas, car j'attends avec impatience la prochaine occasion de revoir cette femme.

À la fenêtre suivante, je m'arrête une minute.

Lorsqu'elle arrive, nous nous regardons à travers la fenêtre.

Elle semble aussi charmée par moi que je le suis par elle.

À l'aide de signes, je lui fais comprendre qu'elle me plaît énormément.

Elle me répond par signes. Je ne sais s'ils ont la même signification que les miens, mais je devine qu'elle comprend ce que je veux lui dire.

J'ai le sentiment que je pourrais rester un long moment à la regarder et à me laisser regarder, mais je sais que j'ai encore un long chemin devant moi...

Je me dis que plus loin, sur le chemin, il y aura sûrement une porte, et peut-être alors pourrai-je rejoindre cette femme.

Rien ne donne plus de certitude que le désir; je me dépêche donc pour trouver la porte que j'imagine.

Je me mets à courir, le regard fixé sur le mur.

Un peu plus loin, la porte apparaît.

Elle est là de l'autre côté, celle qui est maintenant ma compagne aimée et désirée. Attendant... m'attendant...

Je lui fais un signe. Elle m'adresse un baiser dans les airs.

Elle fait le geste de m'appeler. C'est tout ce dont j'ai besoin. Je m'attaque à la porte pour aller la retrouver de son côté du mur.

La porte est très étroite. J'introduis une main, une épaule, je rentre un peu le ventre, me tords un peu sur moi-même. Je parviens presque à passer la tête... mais mon oreille droite reste coincée.

Je pousse.

Pas moyen. Ça ne passe pas.

Et je ne peux utiliser ma main pour la tordre, car il m'est impossible de glisser un seul doigt...

Il n'y a pas suffisamment d'espace, mon oreille est toujours prise. Je prends donc une décision... (Parce que ma bien-aimée est là et m'attend, parce que c'est la femme dont j'ai toujours rêvé et qu'elle m'appelle...)

Je sors un couteau de ma poche et, d'un coup sec, je me coupe l'oreille.

Voilà, c'est fait : ma tête est passée.

Mais après ma tête, je m'aperçois que mon épaule aussi est coincée.

La porte n'a pas la forme de mon corps.

Je force, mais il n'y a rien à faire. Ma main et mon corps sont de l'autre côté, mais pas mon épaule et mon bras droits...

Plus rien n'a d'importance. Aussi...

Je recule et, sans penser aux conséquences, je prends mon élan et force le passage.

Ce faisant, le coup désarticule mon épaule et mon bras reste suspendu, inerte. Mais à présent, heureusement, dans une position telle que je peux franchir la porte.

Déjà, je suis presque, presque de l'autre côté.

Juste au moment où je suis sur le point de passer à travers la fente, je me rends compte que mon pied droit est resté bloqué. Malgré tous mes efforts, je ne parviens pas à l'amener du bon côté.

Il n'y a pas moyen. La porte est trop étroite : mes deux pieds ne passent pas...

Je suis presque à la portée de ma bien-aimée.

Je ne peux faire marche arrière... Sans hésiter, je saisis la hache et, serrant les dents, je frappe et détache la jambe.

Ensanglanté, sautillant, prenant appui sur la hache et sur mon bras désarticulé, avec une oreille et une jambe en moins, je rejoins ma bien-aimée.

« Me voilà. Enfin j'ai réussi. Tu m'as regardé, je t'ai regardée, je suis tombé amoureux. J'ai payé le prix qu'il fallait pour toi. Tout est bon à la guerre comme en amour. Peu importent les sacrifices. Ils valaient la peine si c'était pour te rejoindre. Pour que nous puissions rester ensemble... ensemble pour toujours... »

Elle me regarde, mais une moue lui échappe et elle me dit :
« Comme ça non, comme ça je ne t'aime pas.. Tu me plaisais lorsque tu étais entier. »

Cérémonie du thé

Je te rencontre...

Je t'écoute...

Je te parle...

Je t'enlace...

Je t'embrasse...

Je te tiens...

Je te serre...

Je t'attrape...

Je t'absorbe...

Je t'asphyxie...

Je t'aime?

Obstacles

Le texte que je transcris ici n'est pas un conte. C'est plutôt une méditation guidée, dessinée en forme de rêverie dirigée, pour explorer les véritables raisons de quelques-uns de nos échecs. Je me permets de vous suggérer de le lire lentement, en essayant de vous arrêter quelques instants sur chaque phrase, en visualisant chaque situation.

J'AVANCE SUR un sentier.

Je laisse mes pieds me porter.

Mes yeux se posent sur les arbres, sur les oiseaux, sur les pierres.

À l'horizon se détache la silhouette d'une cité.

J'aiguise mon regard pour mieux la distinguer.

Je me sens attiré par elle.

Sans savoir comment, je me rends compte que je peux trouver tout ce que je désire dans cette cité.

Tous mes désirs, mes objectifs, mes succès.

Mes ambitions et mes rêves se trouvent dans cette cité.

Ce que je veux obtenir, ce dont j'ai besoin, ce que j'aimerais le plus être, ce à quoi j'aspire, ce que je tente, ce pour quoi je travaille, ce que j'ai toujours convoité, ce qui serait la plus grande de mes réussites.

J'imagine que tout cela se trouve dans cette cité.

Sans hésiter, je me dirige vers elle.

Peu après m'être mis en chemin, le sentier se met à monter.

Je me fatigue un peu, mais ça n'a pas d'importance.

Je continue.

Plus loin sur le sentier, j'aperçois une ombre noire.

En m'approchant, je me rends compte qu'un immense fossé m'interdit le passage.

J'ai peur... Je doute.

Je suis contrarié de ne pouvoir atteindre mon but avec facilité.

Quoi qu'il en soit, je décide de sauter le fossé.

Je recule, je prends mon élan et je saute...
Je parviens à le franchir.
Je me redresse et poursuis mon chemin.
Quelques mètres plus loin apparaît un autre fossé.
Je reprends mon élan et le saute aussi.
Je cours vers la cité : la voie paraît dégagée.

Un abîme en travers du sentier me surprend.
Je m'arrête.
Impossible de le franchir.
Sur un versant, je vois du bois, des clous, des outils.
Je prends conscience qu'ils sont là pour construire un pont.
Je n'ai jamais été habile de mes mains...
... J'envisage de renoncer.
Je regarde le but que je désire... et je m'enhardis.
Je commence à construire le pont.
Passent des heures, des jours, des mois peut-être.
Le pont est terminé.
Tout ému, je le traverse
et, en arrivant de l'autre côté..., je découvre le mur.
Un mur gigantesque, froid et humide, entoure la cité de mes rêves...

Je me sens abattu...
Je cherche comment l'éviter.
Il n'y a pas moyen.
Je dois l'escalader.
La cité est si proche...
Je ne laisserai pas le mur me barrer le pas-
sage.
Je me propose de grimper.
Je me repose quelques minutes et reprends
mon souffle...

Soudain j'aperçois,
sur le bord du chemin,
un enfant qui me regarde comme s'il me
connaissait.
Il m'adresse un sourire complice.
Il me rappelle moi... lorsque j'étais enfant.
Pour cette raison sans doute, j'ose expri-
mer ma plainte à voix haute.

« *Pourquoi tant d'obstacles entre mon objectif
et moi ?* »

L'enfant hausse les épaules et me répond :

« *Pourquoi me poses-tu cette question ?* »
Les obstacles n'étaient pas là avant que tu
n'arrives...
C'est toi qui les y as mis. »

Il était une fois

*(ou de la fragile frontière
entre le conte et la réalité)*

Il était une fois... « une fois »
Qui à force d'être racontée
Se répéta tant de fois...
Qu'elle devint réalité.

Les enfants étaient seuls

Leur mère était partie de bon matin et elle les avait confiés à la garde de Marina, une jeune fille de dix-huit ans qu'elle engageait parfois quelques heures pour les garder, en échange de menus gages.

Depuis la mort du père, les temps étaient devenus trop durs pour risquer de perdre son travail chaque fois que la grand-mère tombait malade ou s'absentait de la ville.

Lorsque le petit ami de la jeune fille appela Marina pour l'inviter à faire une promenade dans sa voiture toute neuve, elle n'hésita pas longtemps. Après tout, les enfants dormaient, comme tous les après-midi, et ils ne se réveilleraient pas avant cinq heures.

Dès qu'elle entendit le Klaxon, elle attrapa son sac et décrocha le téléphone. Elle prit la précaution de fermer la porte de la chambre et mit la clé dans sa poche. Elle ne voulait pas prendre le risque que

Pancho se réveille et descend l'escalier à sa recherche : il n'avait que six ans et, dans un moment d'inattention, il pourrait tomber et se blesser. De plus, pensa-t-elle, si cela arrivait, comment expliquerait-elle à sa mère que l'enfant ne l'ait pas trouvée ?

Ce fut peut-être un court-circuit dans le téléviseur allumé ou dans une lampe du salon, ou alors une étincelle dans la cheminée ; toujours est-il que lorsque les rideaux commencèrent à brûler, le feu atteignit rapidement l'escalier de bois qui conduisait aux chambres.

La toux du bébé, causée par la fumée qui s'infiltrait sous la porte, le réveilla. Sans réfléchir, Pancho sauta du lit et se débattit avec la poignée pour ouvrir la porte, mais il n'y parvint pas.

De toute façon, s'il y était arrivé, lui et son petit frère de quelques mois auraient été dévorés en quelques minutes par les flammes.

Pancho cria, appelant Marina, mais personne ne répondit à ses appels au secours. Aussi courut-il vers le téléphone qui était dans la chambre (il savait comment composer le numéro de sa mère), mais la ligne était coupée.

Pancho comprit qu'il devait sortir son petit frère de là. Il essaya d'ouvrir la fenêtre qui donnait sur la corniche, mais il était impossible à ses petites mains de dégager le loquet de sécurité et, même s'il y était arrivé, il lui aurait encore fallu détacher le grillage que ses parents avaient installé en guise de protection.

Lorsque les pompiers finirent d'éteindre l'incendie, le sujet de conversation de tous était le même :
Comment cet enfant si jeune avait-il pu briser la vitre, puis faire sauter le grillage avec le portemanteau ?
Comment avait-il pu porter le bébé dans un sac à dos ?
Comment avait-il pu marcher sur la corniche avec un tel poids et se laisser glisser le long de l'arbre ?
Comment avait-il pu sauver sa vie et celle de son frère ?

Le vieux capitaine des pompiers, homme sage et respecté, leur donna la réponse :
« Pancho était seul... Il n'y avait personne pour lui dire qu'il n'y arriverait jamais. »

Brièvement

Je suis né aujourd'hui au lever du jour
j'ai vécu mon enfance ce matin
et sur le coup de midi
vivais déjà mon adolescence.
Ce n'est pas que cela m'effraye
que le temps passe si vite.
Je m'inquiète juste un peu
à la pensée que demain
je serai peut-être
trop vieux
pour faire ce que j'ai laissé en
suspens.

La ville des puits

Cette histoire est pour moi le symbole de la chaîne qui relie les personnes à travers la sagesse des contes. Un patient me l'a racontée, qui l'avait lui-même entendue de la bouche d'un être merveilleux, l'abbé créole Mamerto Menapace [1]. Telle que je l'écris à présent, je l'ai offerte un soir à Marce et Paula.

Cette ville n'était pas, comme toutes les autres villes de la planète, habitée par des êtres humains. Elle était habitée par des puits. Des puits vivants... mais enfin des puits.

Les puits se différenciaient entre eux non seulement par l'emplacement où ils étaient creusés, mais aussi par leur margelle (cette ouverture qui les relie à l'extérieur).

---

1. Menapace, Mamerto : Abbé bénédictin, auteur d'une vingtaine de livres de contes et de poèmes sur Dieu et la foi.

Il y avait des puits magnifiques, puissants, avec des margelles en marbre incrusté de métaux précieux ; d'humbles puits en briques et en bois, et quelques autres plus pauvres, simples trous pelés qui s'ouvraient dans la terre.

La communication entre les habitants de la ville se faisait de margelle à margelle, et les nouvelles se répandaient rapidement d'un bout à l'autre de la ville.

Un jour arriva dans la cité une « mode » qui avait certainement vu le jour dans une petite localité humaine.

D'après ce nouveau concept, tout être vivant qui se respectait devait soigner beaucoup plus l'intérieur que l'extérieur. L'important n'était pas l'enveloppe mais le contenu.

C'est ainsi que les puits commencèrent à se remplir d'objets.

Certains se remplissaient de bijoux, de pièces d'or et de pierres précieuses. D'autres, plus pratiques, d'appareils électroménagers et mécaniques. D'autres encore choisirent l'art et se remplirent de peintures, de pianos à queue et de sculptures postmodernes très compliquées. Enfin, les intellectuels se remplirent de livres, de manifestes idéologiques et de revues spécialisées.

Le temps passa.

La plupart des puits se remplirent à tel point qu'ils ne purent plus rien absorber. Ils n'étaient pas tous semblables : certains se résignèrent tandis que d'autres pensèrent qu'ils devaient trouver une manière de continuer à faire entrer des objets dans leur intérieur...

L'un d'eux eut l'idée, au lieu de serrer son contenu, d'augmenter sa capacité en s'élargissant.

Il ne se passa pas longtemps avant que l'idée ne fût imitée. Tous les puits dépensaient une grande partie de leur énergie à s'élargir afin de pouvoir créer en eux plus d'espace. Un puits, petit et éloigné du centre de la ville, vit ses camarades grossir démesurément. Il pensa que s'ils continuaient à s'enfler de la sorte, leurs bords allaient bientôt se confondre et chacun perdrait son identité...

C'est peut-être à partir de là que lui vint l'idée qu'une autre manière d'augmenter sa capacité était de grandir non pas en largeur, mais en profondeur. De devenir plus profond, pas plus large. Très vite, il se rendit compte que tout ce qu'il avait à l'intérieur l'empêchait de s'approfondir. S'il voulait être plus profond, il devait se vider de son contenu...

Au début, il eut peur du vide. Puis, lorsqu'il vit qu'il n'y avait pas d'autre possibilité, c'est ce qu'il fit.

Vidé de ses possessions, il devint de plus en plus profond, tandis que les autres s'emparaient des objets dont il se défaisait.

Un jour, le puits qui grandissait de l'intérieur eut une grande surprise : tout au fond, très profondément..., il découvrit de l'eau !

Jamais aucun puits n'avait jusque-là trouvé d'eau.

Surmontant sa surprise, le puits se mit à jouer avec l'eau du fond, humidifiant ses murs, éclaboussant ses bords et, enfin, sortant de l'eau à l'extérieur.

La ville n'avait jamais été arrosée que par la pluie, qui en fait était assez rare. C'est ainsi que la terre qui entourait le puits, revivifiée par l'eau, s'éveilla peu à peu.

Les graines de ses entrailles jaillirent sous forme d'herbes, de trèfles, de fleurs et de petits troncs chétifs qui devinrent des arbres...

La vie explosa de couleurs autour du puits éloigné, qu'on appela désormais « le Verger ».

Tous lui demandaient comment il avait obtenu ce miracle.

« Il n'y a aucun miracle, répondait le Verger. Il faut chercher à l'intérieur, tout au fond. »

Beaucoup voulurent suivre son exemple, mais ils abandonnèrent cette idée lorsqu'ils s'aperçurent que pour gagner en profondeur ils devaient d'abord se vider. Ils continuèrent à s'élargir un peu plus chaque jour, pour se remplir d'un peu plus d'objets...

À l'autre bout de la ville, un autre puits décida lui aussi de courir le risque de se vider...

Et lui aussi s'approfondit...

Et l'eau arriva aussi...

Et il aspergea aussi l'extérieur, créant une deuxième oasis de verdure dans la ville...

« Que feras-tu lorsqu'il n'y aura plus d'eau ? lui demandaient-ils.

— Je ne sais pas ce qui se passera, répondait-il. Mais, pour l'instant, plus je tire d'eau, plus il y en a. »

Quelques mois passèrent avant la grande découverte.

Un jour, presque par hasard, les deux puits constatèrent que l'eau qu'ils avaient trouvée au fond d'eux-mêmes était la même... Que la même rivière souterraine qui passait par l'un inondait le fond de l'autre.

Ils se rendirent compte qu'une nouvelle vie s'ouvrait pour eux.

Non seulement ils pouvaient communiquer de margelle à margelle, superficiellement, comme tous les autres, mais la recherche leur avait offert un nouveau point de contact, secret : la communication profonde que seuls obtiennent entre eux ceux qui ont le courage de se vider de leur contenu pour chercher tout au fond de leur être ce qu'ils ont à donner...

Logique d'ivrogne

Un type arrive dans un bar, s'assoit au comptoir et commande cinq verres de whisky.

« En même temps ? demande le serveur

— Oui, les cinq, répond le client, sans glace. » L'employé le sert et le client les avale d'un trait.

« Garçon, dit-il. Maintenant, servez-moi quatre verres de whisky, sans glace. »

Tandis qu'il le sert, le garçon voit se dessiner sur le visage de l'homme un sourire stupide. Après avoir bu les quatre verres l'un à la suite de l'autre, essayant de se tenir droit, le client s'agrippe au comptoir et s'exclame : « Garçon ! Apportez-moi trois autres verres de whisky. » Il rit un peu et ajoute : « Sans glace. »

Le serveur obéit et de nouveau l'homme les descend d'un trait. Maintenant, non seulement son sourire, mais également son regard est stupide.

« Ami ! dit-il, cette fois à voix haute. Sers-moi deux verres du même whisky. »

Il les avale et crie, s'adressant une fois de plus au garçon : « Frère ! Tu es comme un frère pour moi... »

Il rit aux éclats et ajoute : « Sers-moi encore un verre de whisky, sans glace. Mais un seul, hein ?... Juste un... »

Celui du bar le sert.

Le type boit le verre solitaire d'un seul coup et, pris d'un malaise irrésistible, il tombe à terre, ivre mort.

Allongé par terre, il s'adresse au buvetier : « Mon médecin ne veut pas me croire, mais tu es témoin. Moins je bois, plus ça me fait mal ! »

Conte sans « tu »

Il marchait distraitement sur le chemin, et soudain il le vit.

L'imposant miroir à main était posé là, à côté du sentier, comme s'il l'attendait.

Il s'en approcha, le souleva et se regarda dedans.

Le reflet qu'il y vit lui plut.

Il ne se trouva pas très jeune, mais les années avaient été plutôt clémentes à son égard.

Pourtant, il y avait quelque chose de désagréable dans son image.

Une certaine rigidité dans les expressions la reliait aux aspects les plus aigres de son histoire.

La bagarre,
          le mépris,
                    l'agression,
                              l'abandon,
                                        l'isolement.

Il eut la tentation de l'emporter, mais bien vite il abandonna cette idée. Il y avait déjà suffisamment de choses désagréables sur la planète, pas besoin de se charger d'une supplémentaire.

Il décida de continuer et d'oublier pour toujours ce chemin et ce miroir insolent.

Il marcha pendant des heures, essayant de vaincre la tentation de retourner vers le miroir. Ce mystérieux objet l'attirait comme l'aimant attire les métaux.

Il résista et accéléra le pas.

Il fredonnait des chansons enfantines pour ne pas penser à cette image horrible de lui-même.

En courant, il arriva à la maison où il avait toujours vécu, se mit au lit tout habillé et se couvrit la tête avec les draps.

Il ne voyait plus l'extérieur, ni le sentier, ni le miroir, ni sa propre image reflétée dans le miroir ; mais il ne pouvait éviter le souvenir de cette image :

celle du ressentiment,
celle de la douleur,
celle de l'isolement,
celle de la froideur,
celle de la peur,
celle du mépris.

Il y avait certaines choses indicibles et impensables...

... Mais il savait à quel moment tout cela avait commencé...

Cela avait commencé cet après-midi-là, il y avait trente et quelques années...

L'enfant était allongé, pleurant devant le lac la souffrance des mauvais traitements que lui faisaient subir les autres.

Cet après-midi-là, l'enfant décida d'effacer, pour toujours, une syllabe de son vocabulaire.

Cette syllabe-là.
Celle-là.
La syllabe nécessaire pour nommer l'autre lorsqu'il est présent.
La syllabe indispensable lorsqu'on adresse la parole aux autres.

Sans moyen de les nommer, il cesserait de les désirer...

Et alors il n'y aurait aucune raison de les sentir nécessaires...

Et sans raison ni manière de les invoquer,
enfin il se sentirait libre...

ÉPILOGUE

Écrivant sans « TU »
je peux même parler jusqu'au tarissement de moi,
du mien, du je,
de ce que j'ai,
de ce qui m'appartient...
Je peux même écrire sur lui,
sur eux
et sur les autres.
Mais sans « TU »
je ne peux parler de vous,
de toi,
du vôtre.
Je ne peux parler du leur,
du tien,
ni même du nôtre.
Il m'arrive parfois...
de perdre le « TU »...
et je cesse de pouvoir te parler,
te penser, t'aimer, te dire.
Sans « TU », je reste mais toi disparais...
Et sans pouvoir te nommer,
comment pourrais-je jouir de toi?
Comme dans l'histoire..., toi n'existant pas,
je me condamne à voir le pire de moi-même

Conte sans « tu »

se reflétant éternellement,
en le même
semblable,
idiot
miroir.

Je veux

Je veux que tu m'écoutes sans me juger

Je veux que tu exprimes ton opinion sans me donner de conseils

Je veux que tu aies confiance en moi sans exiger de moi

Je veux que tu m'aides sans essayer de décider pour moi

Je veux que tu prennes soin de moi sans m'annihiler

Je veux que tu me regardes sans projeter tes désirs sur moi

Je veux que tu me serres dans tes bras sans m'asphyxier

Je veux que tu me donnes du courage sans me pousser

Je veux que tu me soutiennes sans me prendre en charge

Je veux que tu me protèges sans mensonges

Je veux que tu t'approches sans m'envahir

Je suis né aujourd'hui...

Je veux que tu connaisses les aspects de moi qui te déplaisent le plus

Que tu les acceptes et ne prétendes pas les changer

Je veux que tu saches... qu'aujourd'hui tu peux compter sur moi...

Sans conditions.

Petite histoire autobiographique

Il était une fois un monsieur qui vivait comme ce qu'il était :

un individu parfaitement ordinaire.

Un beau jour, mystérieusement, il remarqua que les gens se mettaient à le flatter en lui disant qu'il était grand :

« Que tu es grand ! »
« Comme tu as grandi ! »
« Quelle chance tu as d'être aussi grand... »

Au début, cela le surprit, et pendant quelques jours il remarqua qu'il se regardait du coin de l'œil lorsqu'il passait devant les vitrines des magasins et les glaces du métro.

Mais l'homme se voyait toujours le même, ni très grand ni très petit...

Il essaya de ne pas y attacher d'importance, mais lorsque au bout d'une semaine il remarqua que trois personnes sur quatre le regardaient d'en bas, il commença à s'intéresser au phénomène.

L'homme acheta un mètre pour se mesurer. Il le fit avec méthode et minutie, et après plusieurs mesures et vérifications, il eut la confirmation que sa taille n'avait pas changé.

Les autres continuaient de l'admirer.

« Que tu es grand ! »

« Comme tu as grandi ! »

« Quelle chance tu as d'être aussi grand... »

L'homme se mit à passer de longues heures devant son miroir, se regardant. Il essayait de voir s'il était vraiment plus grand qu'avant.

Rien à faire : il se trouvait normal, ni très grand ni très petit.

Non content de cela, il décida de marquer sur le mur, avec une craie, le sommet de son crâne (il aurait ainsi une référence infaillible de son évolution).

Les gens continuaient à lui dire :

— Que tu es grand !

— Comme tu as grandi !

— Quelle chance tu as d'être aussi grand...

... et ils se penchaient en arrière pour le regarder d'en bas.

Les jours passèrent.

Plusieurs fois l'homme refit une marque sur le mur à la craie, mais la marque était toujours à la même hauteur.

L'homme se mit à croire qu'on se moquait de lui. Aussi, chaque fois que quelqu'un lui parlait de taille, il changeait de sujet, l'insultait ou, simplement, s'en allait sans dire un mot.

Cela ne servit à rien..., ça continuait :

« Que tu es grand ! »

« Comme tu as grandi ! »

« Quelle chance tu as d'être aussi grand... »

L'homme était très rationnel et tout cela, pensa-t-il, devait avoir une explication.

Il recevait tant d'admiration et c'était si agréable de la recevoir que l'homme voulut que ce fût vrai...

Et un jour il lui vint à l'idée que, peut-être, ses yeux le trompaient.

Il se pourrait qu'il eût grandi jusqu'à devenir un géant et, par quelque sortilège ou maléfice, qu'il fût le seul à ne pas s'en apercevoir...

« Voilà ! C'est ce qui devait se passer ! »

Accroché à cette idée, le monsieur commença alors à vivre une époque glorieuse.

Il prenait plaisir aux interpellations et aux regards des autres.

« Que tu es grand ! »

« Comme tu as grandi ! »

« Quelle chance tu as d'être aussi grand... »

Il avait cessé de sentir ce complexe d'imposteur qui lui faisait tant de mal.

Un jour arriva le miracle.

Il s'arrêta devant le miroir et il lui sembla vraiment qu'il avait grandi.

Tout commençait à s'éclaircir. Le sortilège avait pris fin. Maintenant, lui aussi pouvait se voir plus grand.

Il prit l'habitude de se tenir plus droit.

Il marchait la tête haute.

Il portait des vêtements qui lui donnaient un style et s'acheta plusieurs paires de chaussures à semelles compensées.

L'homme se mit à regarder les autres de haut.

Les messages des gens qu'il rencontrait se chargèrent d'étonnement et de fascination :

« Que tu es grand ! »

« Comme tu as grandi ! »

« Quelle chance tu as d'être aussi grand... »

L'homme passa du plaisir à la vanité et de celle-ci à l'orgueil, sans solution de continuité.

Il ne discutait plus avec ceux qui lui disaient qu'il était grand. Mieux, il confirmait leur commentaire et inventait un conseil quelconque sur la manière de grandir rapidement.

Ainsi, le temps passa, jusqu'à ce qu'un jour... il croise le nain. L'homme vaniteux s'empressa de se mettre à côté de lui. Imaginant à l'avance ses commentaires, il se sentait plus grand que jamais...

Mais à sa grande surprise, le nain garda le silence.

Le monsieur vaniteux se racla la gorge, mais le nain ne parut pas le remarquer. Et bien qu'il s'étirât et s'étirât encore jusqu'à presque désarticuler son cou, le nain resta impassible.

À bout de patience, il lui murmura :

« Ma taille ne te surprend donc pas ? Ne me vois-tu pas gigantesque ? »

Le nain l'examina de haut en bas. Il le regarda encore, et dit d'un ton sceptique :

« Écoutez, depuis ma hauteur, tous les gens sont des géants et, à vrai dire, d'ici vous ne me paraissez pas plus géant que les autres. »

Le monsieur vaniteux le regarda avec mépris, et comme unique commentaire il lui cria :

« Nain ! »

Il rentra chez lui, courut jusqu'au grand miroir du salon et se plaça devant lui...

Il ne se vit pas aussi grand que ce matin-là.

Il se plaça près des marques sur le mur.

Il délimita avec une craie sa taille et la marque... se superposa à toutes les précédentes !...

Il prit le mètre et, tremblant, se mesura, confirmant ce qu'il savait déjà :

Il n'avait pas grandi d'un millimètre.
Il n'avait JAMAIS grandi d'un millimètre...

Pour la première fois depuis fort longtemps, il se vit de nouveau comme un individu parmi tant d'autres, semblable à tous les autres.

De nouveau il se sentit à sa taille : ni grand, ni petit.

Qu'allait-il faire maintenant quand il rencontrerait les autres ?

Il savait à présent qu'il n'était pas plus grand qu'eux.

Le monsieur pleura.

Il se mit au lit et pensa qu'il ne sortirait plus jamais de chez lui.

Il était très honteux de sa vraie taille.

Il regarda par la fenêtre et vit les habitants de son quartier marcher devant sa maison...

... ils paraissaient tous si grands !

Effrayé, il se précipita de nouveau devant le miroir du salon, cette fois pour vérifier qu'il n'avait pas rapetissé.

Non. Il lui sembla qu'il avait toujours la même taille...

Et alors il comprit...

Chacun voit les autres le regarder d'en haut ou d'en bas.

Chacun voit les grands ou les petits d'après sa propre situation dans le monde,

d'après ses limites,

d'après ses habitudes,

d'après ses désirs,

d'après ses besoins...

L'homme sourit, puis sortit dans la rue.

Il se sentait si léger qu'il flottait presque sur le trottoir.

Le monsieur rencontra des centaines de personnes qui le virent comme un géant et quelques autres qui le virent insignifiant, mais aucun d'eux ne parvint à l'inquiéter.

Il savait maintenant qu'il était un parmi tant d'autres.

Un parmi tant d'autres...

Comme tout le monde...

La tristesse et la furie

À l'intention d'Anna María Bovo

Dans un royaume enchanté où les hommes n'ont jamais accès, à moins qu'ils ne s'y promènent éternellement sans s'en rendre compte...

Dans un royaume magique où les choses non tangibles deviennent concrètes...

il était une fois...

un lac merveilleux.

C'était un lac d'eau cristalline et pure, où nageaient des poissons de toutes les couleurs existantes et où toutes les tonalités du vert se reflétaient en permanence...

De ce lac magique et transparent s'approchèrent la tristesse et la furie pour s'y baigner en se tenant compagnie.

Toutes deux ôtèrent leurs vêtements et, nues toutes deux, entrèrent dans le lac.

La furie, pressée (comme l'est toujours la furie), impatiente – sans savoir pourquoi –, se baigna rapidement et, plus rapidement encore, sortit de l'eau...

Mais la furie est aveugle ou, du moins, elle ne distingue pas clairement la réalité. Aussi, nue et pressée, elle enfila, en sortant, le premier vêtement qui lui tomba sous la main...

Et voilà que ce vêtement n'était pas le sien, mais celui de la tristesse...

Ainsi vêtue de tristesse, la furie s'en alla.

Très calme, très sereine, disposée, comme toujours, à rester à l'endroit où elle se trouvait, la tristesse termina son bain et, sans aucune hâte – ou, plutôt, n'ayant pas conscience du temps qui passait –, avec paresse, lentement, elle sortit du lac.

Sur la rive, elle découvrit que ses vêtements n'étaient plus là.

Comme nous le savons tous, s'il y a quelque chose que la tristesse déteste, c'est de rester à nu. Aussi se couvrit-elle du seul vêtement qui se trouvait près du lac : celui de la furie.

On raconte que, depuis, il est fréquent que l'on rencontre la furie, aveugle, cruelle, terrible, furibonde. Mais si on prend le temps de bien regarder, on découvre que cette furie que l'on voit n'est qu'un déguisement, et que derrière le déguisement de la furie, en réalité... se cache la tristesse.

Lettre de confession d'un assassin

Maître Joaquim Maria Ayanack

rue Gualeguaychu 431
Capitale fédérale
S/M

Cher Monsieur,

Avant tout, je dois vous dire que vous ne me connaissez pas, du moins au sens vulgaire de ce mot, c'est-à-dire comme je vous connais, moi.

Je veux dire que moi, j'ai votre nom et votre adresse dans mon agenda. Je connais votre âge, vos goûts, l'endroit où vous passez vos vacances, la marque de votre voiture. Je connais le nom de votre épouse, celui de chacun vos enfants, et même celui de votre cocker (« Pongo », n'est-ce pas ?). Je m'interromps en pensant qu'il est possible que toutes ces informations vous inquiètent quelque peu.

Comme tous ceux qui fréquentent des espaces de pouvoir, vous avez vous aussi vos côtés paranoïdes. Je vous imagine en train de vous demander : « Comment sait-il toutes ces choses de moi ? Où a-t-il eu ces informations ? »

Pour vous éviter d'être angoissé par ces questions, je m'empresse de vous répondre qu'il n'y a aucun renseignement, aussi secret soit-il, qu'un peu d'argent et beaucoup de temps ne puissent obtenir. Et, à la vérité, je ne manque ni de l'un ni de l'autre. (J'ai parfois l'impression que ce qui rend Dieu omnipotent, ce n'est pas le pouvoir, mais la patience infinie que donne l'immortalité. Nous autres humains, nous sommes au contraire confrontés à ce degré d'urgence auquel nous oblige la conscience inévitable de notre finitude.)

Mais il est certain que pour mener à bien une enquête sérieuse, il faut ajouter à la patience une touche d'intelligence et, évidemment, une dose d'intérêt pour l'objet recherché proportionnelle à la difficulté. (Parce qu'en outre, sans intérêt, il est impossible de stimuler l'intelligence...)

Peut-être serait-il juste que je commence par vous raconter à quel moment est né mon intérêt pour vous.

Il est très probable que vous ne vous en souvenez pas – car bien des années ont passé depuis –, mais le fait est qu'un jour, très exactement le jeudi 23 juillet 1991, à un peu plus de deux heures de l'après-midi (deux heures et quart, précisément), vous circuliez dans votre BMW grise dans la rue Avellaneda, à Flores. Il avait plu tout l'après-midi et, comme toujours, les rues étaient inondées. En arrivant au coin de la rue Artigas, vous avez tourné à gauche à toute vitesse et continué jusqu'à Gaona, en changeant de file, parce que vous aimez doubler. Juste là, à quelques mètres d'Avellaneda, il y a un nid-de-poule. Vous le connaissiez, vous étiez au courant pour ce trou, car vous vous êtes rapproché du bord du trottoir de droite pour l'éviter (vous vous rappelez?)... Ce faisant, vous avez bien sûr éclaboussé le petit vieux qui essayait de traverser en profitant de ce que le feu rouge arrêtait la circulation dans la rue Artigas. Vous l'avez éclaboussé de haut en bas, des genoux jusqu'au chapeau.

Vous l'avez vu. Je sais que vous l'avez vu.

Et, mystérieusement, contre toute attente, maître, vous ne vous êtes pas arrêté! Et non seulement vous ne vous êtes pas arrêté, mais en plus (et ce fut le plus significatif) vous avez fait un geste... un geste qui a dû durer trois ou quatre secondes, pas plus... un geste de mépris, un rictus d'ennui, quelques millimètres de torsion de votre bouche.. auquel a suivi un léger, très léger haussement d'épaules qui a dit..., clairement et fugacement, tout ce qu'il fallait savoir de votre appréciation de cet épisode.

Ce jour-là, je me suis dit : « Quel sale type ! »

Il convient que je vous précise une chose à mon sujet : je n'ai pas de préjugés. Je n'ai rien contre les voitures importées ni contre ceux qui en possèdent. Je suis également, me semble-t-il, compréhensif et tolérant, aussi ai-je ensuite pensé que je m'étais peut-être trompé et que votre attitude n'avait pas été celle-là, ou qu'elle avait, peut-être, été exceptionnelle.

Une exception à la règle qui mesure votre vie, un moment de mauvaise humeur, une erreur, une sortie intempestive...

J'espère que vous le comprenez, maître. Pour quelqu'un comme moi, qui n'entend rien aux approximations et aux demi-mesures, les choses sont ou ne sont pas. Et la seule façon de savoir si vous étiez ou non un salaud, c'était d'enquêter sur vous, de chercher sérieusement...

C'est donc ce que j'ai fait !

Au cours des cinq dernières années, j'ai passé mon temps à vous connaître pour ratifier ou rectifier cette horrible impression première que m'avait causée votre attitude.

Et me voici, maître Ayanack. L'enquête est terminée ou, plutôt, la recherche est plus que suffisante *pour une conclusion : vous êtes encore plus méprisable que je l'avais pensé en 1991.*

Le 24 juillet, le lendemain de cet incident, à une heure et demie de l'après-midi, je me suis arrêté au même croisement des rues Artigas et Avellaneda pour attendre que vous passiez, me fondant sur la présomption que vous, comme moi, ne changiez pas vos itinéraires quotidiens (cette odieuse manie que nous autres humains avons de rigidifier notre conduite en habitudes m'a toujours étonné : nous mangeons la même chose, nous nous habillons de la même couleur, nous passons nos vacances dans la même ville, nous consommons la même marque de cigarettes et, bien sûr, nous empruntons les mêmes rues de la ville pour aller d'un endroit à un autre).

Vous n'êtes pas une exception, si bien qu'à deux heures quatorze vous avez tourné avec votre BMW dans la rue Artigas en direction de Gaona et évité le nid-de-poule d'Artigas en vous rapprochant du trottoir de droite.

Ce jour-là, il n'y avait pas d'eau, ni de petit vieux en train de traverser. Il n'y a pas eu de geste ni rien qui pût m'empêcher de noter votre numéro d'immatriculation : B-2153412.

Le lundi suivant, j'ai décidé de ne pas travailler et de consacrer toute ma journée à cette enquête.

C'est ainsi que j'ai pris ma voiture, l'ai garée dans la rue Artigas et, de nouveau, ai guetté votre passage. À l'heure habituelle, la voiture importée grise a tourné et je l'ai suivie dans les rues Juan B. Justo, Warnes, Serrano, Santa Fe, Gurruchaga. J'avoue que ça m'a un peu ennuyé de vous voir vous garer aux emplacements réservés au commissariat qui se trouve à l'angle des rues Santa Fe et Gurruchaga. Un moment je vous ai imaginé commissaire ou quelque chose de ce genre. Mais non, vous n'êtes même pas entré dans le commissariat. Vous êtes passé devant la porte et le planton vous a salué. De ma voiture, je vous ai vu marcher quelque vingt ou trente mètres dans la rue Santa Fe en direction de Canning, puis entrer dans un immeuble. À ce moment, le planton a donné un coup de sifflet et m'a fait signe de circuler.

Pourquoi, maître, pouvez-vous garer votre voiture sur un emplacement réservé au commissariat alors que j'ai dû aller chercher une place où me garer, chose évidemment difficile dans ce quartier ?

Pourquoi, maître, nous sommes-nous transformés en un compendium d'obscurs privilèges accordés ou usurpés, qui bénéficient à quelques-uns aux dépens de tous les autres ?

Comment est-il possible que le fait d'avoir une profession comme celle de commissaire, ou souscommissaire, permette de faire sien un morceau de la ville pour garer sa voiture, et donne en outre le pouvoir de transmettre cette possibilité à d'autres.

Parce que, maître, vous ne travaillez pas au commissariat. Vous êtes... un « ami du commissaire ». Cela donne-t-il le droit à quelques mètres carrés de voie publique ? Combien coûte ce privilège, maître ? Une « petite faveur » ? Un « petit billet » ? Une concession compensatoire pas très « honnête » ?

Marmonnant quelques gros mots contre vous, contre la police, contre la municipalité et le système, je me suis garé et j'ai dû faire à pied la distance de deux pâtés de maisons pour revenir dans la rue Santa Fe.

À la fin de l'après-midi, je savais ce dont j'avais besoin pour commencer mon enquête. Je connaissais votre nom, l'adresse de votre bureau, votre profession (avocat pénaliste) et vos horaires de travail : les lundi, mercredi, jeudi et vendredi de deux à six.

Jusqu'au moment où j'entrai dans votre bureau, j'avoue que j'avais encore des doutes sur mes présomptions. L'épisode de Flores et le « privilège » du stationnement devant le commissariat ne me suffisaient pas... Mais quand votre secrétaire Mirta (la blonde, celle qui a deux enfants et vit à Liniers) m'a fixé rendez-vous pour le lundi suivant à quatorze heures, j'ai pris conscience de votre manque de respect vis-à-vis des autres. Car votre secrétaire suit vos instructions, maître, et vous et moi savons que vous ne pouvez arriver à quatorze heures si à quatorze heures quinze... vous tournez dans la rue Artigas, à Flores!

Que peut-on supposer que fait la personne à qui l'on a donné rendez-vous à deux heures entre deux heures et trois heures moins le quart, heure à laquelle vous arrivez? Que fait-elle de son problème légal, de son anxiété et de son angoisse? Vous ne savez pas ce qu'elle fait, n'est-ce pas, maître? Vous ne le savez pas et vous vous en fichez éperdument... Qu'elle attende. L'autre peut bien attendre.

J'avoue, maître, que mon opinion des pénalistes n'a jamais été fameuse. J'ai toujours pensé que les individus devaient avoir une certaine image d'eux-mêmes en rapport avec la profession qu'ils choi-sissent ensuite. Il ne peut être fortuit que presque tous les médecins soient des hypocondriaques, que presque tous les économistes soient des escrocs et qu'il n'existe pas d'avocats en qui l'on puisse avoir confiance. J'ai passé de nombreux mois de mon enquête à étudier la psychologie. C'était afin d'essayer de vous comprendre, vous et vos méca-nismes. Je n'arrivais pas à me mettre dans la tête qu'un individu qui se consacre à la justice ait une idée aussi peu acceptable de la morale et de la justice. Je pris alors connaissance de quelque chose qu'on appelle « formation réactive » (un supposé mécanisme au moyen duquel on agit pour essayer de changer le signe de l'action qui suit un désir blâmable...).

La psychologie serait bien plus indulgente que moi à votre égard, maître. Pour la science, vous « sublimez vos pulsions » grâce à votre profession, ce qui, ainsi énoncé, paraît ennoblir. Non, maître. Il n'y a aucun mécanisme réactif qui justifie, par exemple, que vous ayez obtenu que votre client, Fuentes Orbide, soit relaxé en incriminant son associé et beau-frère. Vous saviez que l'autre était innocent. Vous saviez que votre présentation et exposé de défense finirait par remplacer, en prison, votre client par sa victime. Et cependant, vous n'avez pas hésité. Vous ne défendiez pas la justice, maître. Ni même votre client.

Vous avez défendu votre portefeuille, votre renom, votre intérêt personnel. Deux semaines après que le pauvre associé de votre client a été emprisonné, quelqu'un vous a parlé de ce cas, dans un couloir des tribunaux. Son commentaire était une sorte de reproche pour l'avoir « envoyé en prison »... Vous souvenez-vous de votre réponse, maître ? Vos paroles résonnent dans ma tête comme si j'avais été là en train d'écouter. Vous avez dit : « S'il ne peut pas se payer un bon avocat, qu'il aille se faire foutre ! »

Aucune justification réactive pour vous, maître. Pas d'interprétation de sublimation pour une attitude aussi peu respectable.

Allons-nous rendre coupables vos pulsions pour cette répugnante échelle de valeurs que vous utilisez dans vos relations interpersonnelles ? Allons-nous donc interpréter comme une « phobie de la pauvreté » cette attitude dans le restaurant de la rue Alvear, ce midi de septembre... ?

Permettez-moi de vous rafraîchir la mémoire...

C'était il y a moins de deux ans. Vous déjeuniez avec María Elena, votre maîtresse, au restaurant d'Alvear. Ce devait donc être un mardi (il m'a fallu un certain temps avant de comprendre que les mardis étaient les jours que vous consacriez à votre maîtresse). Je vous regardais, assis à une table pas très éloignée, comme tant d'autres fois. Ce jour-là, tandis que nous déjeunions, entra un enfant d'une dizaine d'années qui vendait des roses de table en table. Personne ne l'avait vu : ni les serveurs ni María Elena ni moi... et, soudain, vous avez crié : « Garçon ! » Le garçon qui vous sert toujours (et qui vous craint autant qu'il vous déteste) s'est rapidement approché. Alors, vous avez exigé qu'il jette le gamin à la rue.

La psychologie a peut-être de nombreuses explications pour ce genre de canailleries, quant à moi, je n'en ai qu'une. Vous êtes une canaille, maître. Tellement canaille que vous ne méritez pas de vivre.

Vous penserez : « Quelle importance cela peut-il avoir pour lui ? » Cela en a, maître, cela en a beaucoup.

Cela en a parce que je suis ce petit vieux que vous avez éclaboussé au coin des rues Artigas et Gaona il y a cinq ans. Cela en a aussi parce que je suis le type qui doit faire à pied deux pâtés de maisons, tous les jours, car il ne peut se garer au coin des rues Gurruchaga et Santa Fe. Cela en a parce que je suis votre épouse, maître, qui aimerait parfois déjeuner avec vous, et parce que, en quelque sorte, je suis également votre maîtresse, qui voudrait ne pas déjeuner avec vous certains mardis. Cela en a parce que je suis le prisonnier innocent qui dans sa cellule paie pour ce qu'il n'a pas fait. Cela en a parce que, pour de nombreuses raisons, je suis le gosse qui essaie de vendre ses fleurs dans le restaurant de la rue Alvear...

Les psychologues m'ont beaucoup appris sur les mécanismes de l'esprit, c'est pourquoi je dois admettre enfin, même si cela me fait mal, que ça en a parce que je suis certainement aussi canaille que vous, maître. **Je suis aussi corrompu, aussi arrogant, aussi agressif, aussi intéressé, aussi égoïste, aussi humiliant, aussi autoritaire et méprisable que vous.** Ces dernières années, maître, j'en suis venu par moments à penser que vous n'étiez qu'une partie de moi-même. Une horrible partie de moi ayant une vie indépendante, qui dans chacun de ses comportements montre ce que j'ai de pire.

Je crois que c'est à partir de ces idées d'« incarnations », d'« identifications » et de « fissions de la personnalité » que j'ai pris conscience que non seulement vous ne méritiez pas de vivre, mais qu'en plus, vous deviez mourir.

Oui. Mourir ! Mais mourir comment ?

Qui sait ?

Quelle serait la manière la plus juste ? Accident ? Infarctus ? Suicide ? Je ne sais pas...

La plus honnête, sans doute, serait, purement et simplement, l'assassinat. C'est-à-dire que quelqu'un, enfin, décide de tuer ce que vous représentez de nous tous de façon si archétypique.

Comprenez-vous le pourquoi de ma lettre, maître ?

Je ne vous écris pas pour que vous vous repentiez...

Je vous écris pour vous informer (car il me semble que cela vous concerne) que j'ai décidé de **vous tuer.**

Évidemment – je le sais –, vous allez penser prendre des précautions : gardiens, armes, gardes du corps, systèmes d'alarme, surveillance de votre maison, enquête sur tout votre personnel, etc.

Mais combien de temps peut-on maintenir tout cela ?

Il m'a fallu cinq ans pour rassembler les informations qui me permettent de vous condamner justement ! Je peux attendre cinq, dix ou vingt ans pour accomplir cette exécution... À un moment ou un autre, la surveillance se relâche, on oublie une précaution, on néglige les détails... et à ce moment, maître Ayanack, je vous attendrai.

Il est possible que quelqu'un doute (peut-être même vous) que cet avis d'assassinat soit réel...

Que je sois réel moi-même...

Comment savoir, par exemple, si ceci n'est pas une sorte d'acte de culpabilité inconscient de votre part ? Dans un psychologisme sauvage, quelqu'un pourrait se demander si cette lettre n'est pas adressée par vous à vous-même pour vous reprocher vos actions misérables.

À l'encontre de cette attitude, j'ai idée que vous êtes absolument incapable de vous sentir coupable.

Je vous considère comme un amoral, au sens explicite du terme.

Encore qu'il existe, en faveur de cette possibilité, un fait inquiétant. Comme la police pourra le vérifier, cette lettre a été écrite sur votre machine à écrire, celle qui est sur votre bureau, dans votre maison de Floresta. Le papier est celui que vous utilisez et il est sorti du tiroir de votre bureau. Si nous considérons le temps qu'il faut pour taper cette lettre, nous arriverons à la conclusion que la seule personne qui peut l'avoir écrite sans éveiller de soupçons, c'est... vous-même, maître.

Ce petit mystère final que prend notre histoire me ravit, car il lui apporte une touche de roman policier que je trouve fascinante. Je vais garder le secret sur la façon dont je m'y suis pris, afin de pouvoir revenir vous écrire au cas où apparaîtrait quelque chose de plus que j'aurais à vous dire.

Pour l'instant, je vous quitte, non sans me permettre auparavant de vous faire cette recommandation :

Faites attention à vous, maître Ayanack, faites attention ! Je n'aimerais pas qu'à cause d'une stupide inattention un accident véritable rende tout mon travail inutile.

J. M. A.

Le guerrier

« Je peux dire de l'amour que j'ai vécu
qu'il n'est pas immortel, puisqu'il est flamme,
mais qu'il est infini tant qu'il dure... »

VINICIUS DE MORAES

Le corps gigantesque du guerrier sumérien était couvert de cicatrices et sa peau tannée par le soleil et la neige.

Son nom était Jorma, et cette histoire raconte qu'un jour, alors qu'il chevauchait avec trois de ses amis pour se rendre d'une ville à une autre, ils tombèrent dans une embuscade tendue par leurs plus cruels ennemis.

Les quatre guerriers combattirent avec férocité, mais seul Jorma survécut. Ses trois amis furent tués pendant le combat.

Ensanglanté, exténué, Jorma se rendit compte qu'il avait besoin de se reposer, de reprendre des forces et de soigner ses blessures.

Il regarda autour de lui à la recherche d'un lieu sûr, et aperçut une petite caverne creusée dans une montagne proche.

Se traînant presque, il arriva jusque-là et, une fois à l'intérieur de la grotte, il étendit sur le sol sa peau d'ours et s'endormit profondément.

Des heures ou des jours plus tard, la faim le réveilla.

Il sentit que son estomac réclamait quelque chose de chaud. Encore endolori, Jorma décida d'aller ramasser quelques branches et des troncs secs pour faire un petit feu dans son repaire momentané et manger un peu de viande salée qu'il avait avec lui.

Lorsque la lumière des flammes éclaira l'intérieur du refuge, le guerrier ne put en croire ses yeux : le réduit qu'il avait découvert n'était pas une simple grotte, mais un temple creusé dans la roche...

... Par les inscriptions et les symboles, le Sumérien découvrit que le temple avait été construit en l'honneur d'un seul dieu...

Le dieu Gotzu.

Jorma avait appris à se méfier des hasards et, pour cette raison peut-être, il n'hésita pas à penser que ses pas avaient été guidés jusqu'à la grotte par le dieu de ce temple, qui pouvait ainsi veiller sur son sommeil.

Jorma en conclut que c'était là un signe.

Désormais, il recommanderait son épée au dieu Gotzu.

Il resterait là jusqu'à ce que ses blessures soient guéries.

Pendant ce temps, il allumerait un grand feu sous l'autel que dominait l'immense statue de pierre du dieu et chasserait un animal qu'il sacrifierait en son honneur.

Le guerrier resta cinq jours et cinq nuits de plus dans la grotte de la montagne, se reposant et honorant Gotzu.

Pendant tout ce temps, il ne laissa jamais s'éteindre la flamme qui éclairait l'autel.

Le sixième jour, Jorma se rendit compte qu'il était temps de continuer son chemin et, avant de partir, il voulut laisser une offrande à Gotzu en signe de gratitude.

« Une flamme éternelle, pensa-t-il. Mais comment la trouver ? »

Jorma sortit de la grotte et s'assit sur un rocher au bord du sentier pour réfléchir au problème.

Il savait qu'un peu d'huile permettrait d'entretenir la flamme, mais ce n'était pas suffisant.

Il pensa un moment qu'il devrait peut-être ramasser un énorme tas de bois, tellement énorme que le feu ne s'éteindrait jamais ; tellement énorme qu'il durerait éternellement... Mais bien vite, il prit conscience qu'un tel effort était vain... Beaucoup de bois augmenterait l'intensité du feu, mais pas la durée de la flamme...

Un moine vêtu d'une tunique blanche, qui marchait sur le sentier, s'arrêta devant Jorma.

Peut-être fut-ce par pure curiosité, ou peut-être fut-il étonné de voir un guerrier dans une attitude aussi songeuse, toujours est-il que le moine s'assit en face du Sumérien et resta immobile, le regardant comme s'il faisait partie du paysage.

Des heures plus tard, alors que déjà le soleil se couchait, Jorma continuait à réfléchir...

Son problème l'occupait à tel point qu'il ne fut pas trop surpris lorsque le moine s'adressa à lui pour lui demander :

« Que t'arrive-t-il, guerrier ? Tu sembles préoccupé... Puis-je t'aider ?

— Je ne crois pas, dit le guerrier. Cette grotte, mon seigneur, est le temple du dieu Gotzu, que voilà cinq lunes j'ai consacré comme mon protecteur, le destinataire de mes prières, l'ultime objet de mon combat. Bientôt je devrai partir et je voudrais l'honorer éternellement, mais je ne sais comment obtenir que la flamme que j'ai allumée dure toujours. »

Le moine hocha la tête et, comme s'il avait deviné le chemin qu'avait parcouru la pensée du guerrier, il lui dit :

« Pour que la flamme soit éternelle, tu auras besoin de quelque chose de plus que du bois et de l'huile...

— De quoi aurai-je besoin ? s'empressa de demander Jorma. De quoi ai-je besoin en plus ?

— De magie, dit sèchement le moine.

— Mais je ne suis pas mage, et je ne connais rien à la magie...

— Seule la magie peut obtenir que quelque chose soit éternel.

— Je *veux* que la flamme soit éternelle, dit le guerrier. Et il poursuivit : Si j'obtiens la magie, peux-tu me garantir que la flamme brûlera éternellement pour Gotzu ?

— Garantir ? Il y a une semaine, tu ignorais totalement l'existence de ce temple à Gotzu... Et aujourd'hui tu veux pour lui un hommage éternel. Cela, c'est ce que tu désires aujourd'hui. Peux-tu garantir que ton désir sera éternel ?... »

Jorma garda le silence.

Le guerrier prit conscience que personne ne pouvait affirmer l'éternité d'un désir...

Le moine hocha de nouveau la tête et se leva...

Je suis né aujourd'hui...

Il s'approcha de Jorma et, posant sa main droite ouverte sur sa poitrine, il lui dit :
« Je vais te dire un secret...

La magie ne dure qu'aussi longtemps
que persiste le désir ! »

Rébellion

Et, soudain, la sonnette retentit.

« Tu es là ? entendis-je. C'est l'heure !
— Je viens, répondis-je machinalement.
— Il est tard. Ouvre la porte. »

J'en avais assez.

L'envie me prit de saisir le marteau et de le faire...
Avec un peu de chance je pourrais, d'un seul coup, en finir avec l'incessant martyre.

Ce serait merveilleux.
Plus de contrôles...
Plus d'urgences...
Plus de prison !

Tôt ou tard, tous apprendraient ce que j'aurais fait...

Tôt ou tard, quelqu'un aurait le courage de m'imiter...

Et ensuite... peut-être un autre...

Et un autre...

Et beaucoup d'autres prendraient-ils courage.

Une réaction en chaîne qui permettrait d'en finir pour toujours avec l'asservissement.

De nous débarrasser définitivement d'elle.

De nous débarrasser d'elles sous toutes leurs formes...

Bientôt, je pris conscience que mon rêve
était impossible.
Notre esclavage paraît être, en même temps,
notre seule chance...
C'est *nous* qui avons créé nos geôlières,
et maintenant, sans elles, la société n'existerait
pas.

Il me faut l'admettre...

Nous ne saurions plus vivre, sans horloges !

Graines de rêves

En 1980, je suis tombé sur quelques livres du maître Ira Progoff [1] et sa merveilleuse métaphore du chêne et du gland. De la lecture de ses ouvrages est né ce qui suit.

DANS LE SILENCE de ma réflexion
je perçois tout mon monde intérieur
comme si c'était une graine,
d'une certaine manière petite et insignifiante,
mais également chargée de possibilités.

... Et je vois dans ses entrailles
le germe d'un arbre magnifique,
l'arbre de ma propre vie
en train de se développer.

---

1. Progoff, Ina : (1921-1998) Docteur en psychologie, il est le créateur du programme *Journal intensif*, une méthode de développement personnel.

Je suis né aujourd'hui...

Dans sa petitesse, chaque graine contient
l'esprit de l'arbre qu'elle sera plus tard.
Chaque graine sait comment devenir un arbre
en tombant sur une terre fertile,
en absorbant les sucs qui la nourrissent,
en étendant les branches et le feuillage,
en se couvrant de fleurs et de fruits,
pour pouvoir donner ce qu'ils ont à donner.

Chaque graine sait
comment réussir à être un arbre.
Et les graines sont aussi nombreuses
que le sont les rêves secrets.

En nous d'innombrables rêves
attendent le moment de germer,
de faire des racines et de naître,
de mourir en tant que graines...
pour se transformer en arbres.

Des arbres magnifiques et orgueilleux
qui à leur tour nous disent, dans leur solidité,
d'écouter notre voix intérieure,
d'écouter
la sagesse de nos graines de rêves.

Eux, les rêves, indiquent le chemin
par toutes sortes de symboles et de signes,
dans chaque fait, à chaque instant,
parmi les choses et les personnes,
dans les souffrances et les plaisirs,
dans les triomphes et les échecs.
Le rêve nous apprend, endormis ou éveillés,
à nous voir,
à nous écouter,
à prendre conscience.
Il nous montre la voie par des pressentiments
fugitifs
ou des éclairs d'aveuglante lucidité.

Et ainsi nous grandissons,
nous nous développons,
nous évoluons...

Et un jour, alors que nous avancerons
dans cet éternel présent que nous appelons
« la vie »,
les graines de nos rêves
se transformeront en arbres,
et déploieront leurs branches
qui, telles des ailes gigantesques,
traverseront le ciel,

Je suis né aujoura hui...

unissant d'un seul trait
notre passé et notre futur.

Il n'y a rien à craindre...
une sagesse intérieure les accompagne...
car chaque graine sait
comment devenir un arbre.

Obituaire
pour un homme singulier

28 novembre 1984

Aujourd'hui un homme est mort.

Cet homme était mon ami.

Cet homme avait trente-cinq ans.

D'un certain point de vue, trop jeune, surtout si l'on considère l'âge que les statistiques donnent pour la mort.

Temps suffisant pour ce qu'il a fait et absolument insuffisant pour tout ce qu'il a laissé inachevé.

Cet homme était un être humain qui suscitait l'intérêt et une personne merveilleuse, mais c'était, essentiellement, un individu très particulier. Les opinions sur son existence oscillent entre ceux qui le tenaient pour un insupportable pédant et ceux qui trouvaient en lui la lucidité et l'absence d'humilité des génies. Moi qui l'ai connu comme personne, je peux dire qu'il n'était ni un génie ni un pédant. C'était quelqu'un qui aimait agir et qui, se définissant lui-même comme un hédoniste, vivait, comme c'est logique, en agissant.

Cette tendance à l'action sous toutes ses formes fut, peut-être, l'une des plus grosses difficultés qu'il eut à affronter dans ses relations avec autrui. À ses yeux, à peu près tout le monde était lent et inactif, et, pour une raison que je crois deviner, il s'est entouré en permanence d'êtres intellectuellement paresseux, qu'il a impitoyablement critiqués. Pour tenter d'éclairer cette attitude – peut-être pour la justifier –, je pense non seulement qu'il ne se considérait pas comme un génie, mais qu'il a soupçonné toute sa vie que là-bas, très en arrière ou tout au fond, il était en réalité un idiot, un inepte, un inefficace ou, simplement, un être incapable de tout acte créatif.

Mais bien plus que l'activité, mon ami qui gît ici aimait le côté spectaculaire des choses. Ses amours devaient être des passions. Ses goûts, infinis. Son travail, inégalé. Son énergie, inépuisable. Dans ses activités professionnelles, il était, pour cette raison, un merveilleux thérapeute cathartique. Personne comme lui n'était capable de déchaîner un *acting* plein de décharge émotionnelle. (Je me demande aujourd'hui : Serait-ce cela qu'il a toujours cherché pour lui-même? Après tout, il s'est toujours plaint de ne pas trouver de thérapeute capable de l'aider de façon définitive. Que voulait-il ? Peut-être un thérapeute comme lui...)

Tout cela, dit ou vu de cette façon, le fait paraître merveilleux. Comment ne pas tomber sous le charme de quelqu'un qui s'engageait dans chacune des choses qu'il faisait, grande ou petite, avec le même enthousiasme absolument débordant ?... Et pourtant, il y avait une autre face de cette joyeuse pièce, un autre aspect plus pathétique – comme il aimait le dire de cette même situation... Peut-être l'aspect indésirable de cette modalité, ou – pourquoi pas ? – l'origine de ces caractéristiques était :

Cet homme s'ennuyait très facilement.

Peut-être était-ce là la véritable impulsion de toute l'activité de mon grand ami et camarade. Il tombait amoureux, puis s'ennuyait des personnes, des travaux, des sports, des façons de se vêtir et de parler. Pour être sincère, je dirais qu'il s'ennuyait aussi des façons d'être et de penser. Aujourd'hui, cependant, alors que vient l'heure de clore le bilan de son existence, je dois reconnaître qu'il y eut aussi des choses qui ne l'ont jamais ennuyé. Il a vécu pour elles et par elles, avec la même passion dont il jouissait ou souffrait de ses autres expériences. Le symbole le plus clair qui vient à ma mémoire, c'est que je ne l'ai jamais vu fatigué, ennuyé, exaspéré par ses enfants, ou s'éloignant d'eux.

(Serait-ce là l'exception qui confirme la règle ou, simplement, le temps de s'ennuyer avec eux lui a-t-il manqué ?... Par chance pour sa mémoire, nous ne le saurons jamais.)

Il ne fait pas de doute que cet homme aimait ses enfants par-dessus toute autre chose. A-t-il aimé quelqu'un comme il a aimé ses enfants (non pas « autant », mais « comme » il les a aimés) ? Allons plus loin : a-t-il un jour aimé quelqu'un encore plus (au sens où lui-même employait le verbe « aimer ») ? Autrement dit : a-t-il accepté quelqu'un totalement ? Voilà qui reste une énigme. Une inconnue pour les biographes. Mon humble opinion est qu'il aimait à tout instant, sauf... lorsqu'il aimait quelqu'un. Car lorsque cet homme aimait quelqu'un, l'amour, l'acceptation et la générosité semblaient s'évanouir et, à leur place, affleuraient ses pires exigences, ses attentes les plus maladives, ses dépendances les plus tyranniques...

Car on peut se demander s'il a aimé ou non, mais il ne fait aucun doute qu'il ne s'est jamais vraiment senti aimé.

Derrière et à l'ombre de cet homme « tout-puissant », fort, invulnérable, « pandorique » (n'ayons pas peur du néologisme), à l'ombre, dis-je, de cet être désiré et admiré, marchait son autre être, caché tel un macabre Mr. Hyde, non pas à cause de sa cruauté, mais de son besoin d'affection. Un autre homme plein de défauts, faible, exigeant, pénible et malheureux. Un mal-aimé, peu sûr de lui et indigent... L'homme a passé plus de la moitié de sa vie en face à face avec ce Moi si bien caché. Et finalement il réussit ; non pas par courage, car il n'était pas courageux, mais par entêtement... Lorsqu'au bout de vingt ans de recherche il se découvrit (ou crut se découvrir), il découvrit également (ou crut découvrir) que les autres, ceux qu'il aimait, continuaient à exiger de lui qu'il fût celui qu'il avait toujours été.

Et il se mit en quelque sorte à claudiquer.

Il accepta de continuer à jouer éternellement son rôle de super-héros, niant de sa joie forcée ses nuits les plus obscures.

Lui-même ne sut comment il s'était débrouillé pour y arriver, mais jamais il n'avait compté sur personne. Je veux dire compter. Compter comme il le voulait, inconditionnellement. Au fond de lui, il savait que personne ne compte inconditionnelle-ment sur autrui, mais jamais il ne put éviter cette recherche ridicule d'un être sur les genoux de qui poser simplement la tête et se reposer, sans pudeur aucune, en fermant les yeux et en baissant la garde..., dépouillé de doutes et de craintes.

Peut-être aujourd'hui aurai-je le courage de dire ce que je ne lui ai jamais dit en face :

Tu n'as jamais fait confiance à personne.

Cela fait mal de croire cela de lui si aimable, si bien disposé. Qui parmi vous, qui restez en vie, peut affirmer qu'il fut son ami ? Beaucoup, sans doute, pourraient se vanter de l'avoir eu pour ami, mais qui peut affirmer la réciprocité de cette relation ? Je soupçonne sincèrement que personne ne le puisse, parce que je doute que lui, avec sa meilleure volonté, ait été capable d'avoir confiance en ceux qui l'entouraient. Non à cause des difficultés des autres, mais à cause de sa propre incapacité.

Et pourtant, je peux imaginer qu'une fois il a dû faire confiance.

Peut-être une fois, il y a bien longtemps, a-t-il fait confiance...

Peut-être a-t-il fait confiance et l'a-t-on floué...

Mais... quelle absurde justification !

Cette imposture supposée, que change-t-elle ? Le rend-elle moins hypocrite ? Diminue-t-elle un peu sa faute de n'avoir pas été capable de se faire des amis (sauf un, je dois le reconnaître, qui s'est sauvé en émigrant)? Écarte-t-elle sa responsabilité dans ce que nous appellerons un « échec »?...

Si lui-même m'écoutait en ce moment, il refuserait d'accueillir la compréhension, la compassion ou la pitié..

Tant de choses demeurent obscures dans cette vie inextricable!

L'une des plus mystérieuses occupait souvent un espace dans la tête de ceux qui le connaissaient et l'aimaient. Que se passait-il dans sa vie conjugale? Qu'est-ce qui unissait cet homme à cette femme? Que ressentait-il pour elle? La mort interrompt l'incontestable réponse du temps.

Ce qui est certain, c'est que jusqu'au jour de sa mort, toutes questions mises à part, doutes en marge et bagarres comprises : il a toujours vécu avec son épouse.

Il serait très simpliste de penser qu'il est resté à cause de ses enfants.

Il serait négateur de croire qu'il était parfaitement heureux dans cette relation.

Il serait enfantin de penser qu'il était ou se croyait incapable de séduire ou d'être séduit par une autre femme.

Il serait idiot d'affirmer qu'il ignorait ce qui se passait, ou qu'il le niait...

En définitive, restait-il par amour pour cette femme ou restait-il ancré par ses peurs?

Quiconque le lui aurait demandé saurait qu'il l'avait beaucoup aimée. Mais ce que personne n'a su, c'est jusqu'à quand. L'aimait-il au moment de sa mort? Je suppose que oui. Toutefois, elle avait des tas de comptes à régler avec lui, ou avec la vie qu'il lui avait donnée en son temps, ou avec le rôle qu'elle avait elle-même joué dans cette relation. Elle était, avec raison, pleine de ressentiments et vide des choses qu'il lui réclamait démesurément. Et je dis « avec raison » parce que je crois que la vie avec lui n'a dû être ni facile ni satisfaisante.

Cependant aujourd'hui, devant son corps, je ne veux parler que de l'homme; car lui a cru être un excellent compagnon (du moins avant de s'ennuyer et d'abandonner la lutte ou, plutôt, d'abandonner la lutte, justement, entre ses mains à elle). Lui a cru avoir supporté l'insupportable, avoir tout toléré et fait tout ce qu'il pouvait pour construire le couple dont il avait rêvé.

Ce qui est sûr, c'est qu'ils n'ont pas eu assez de temps.

Lui, bêtement, a toujours rendu sa femme responsable de ces malentendus. Et, justement ou injustement, il est mort en pensant qu'elle n'avait pas été à la hauteur des circonstances.

Tout au long de ses dernières années, lui aussi a accumulé les rancœurs et les griefs qui ont sali sa vie... Et jamais il n'a trouvé l'eau d'une calme nappe dormante où laver cette repoussante saleté des ans.

Il faut savoir que, beaucoup plus intense que son amour pour elle, fut la manière dont cet homme a aimé cette femme. Parce que (cela est indéniable) il n'a jamais aimé personne comme il l'a aimée elle ! Jamais !...

Et ce fut peut-être cela le problème.

À elle seule était dévolu le privilège douteux de le voir tel qu'il était.

Ce n'est que dans son couple qu'il osait montrer son côté le plus fragile et le plus dépendant.

Mais elle non plus ne pouvait l'accepter et le contenir.

Et, si elle pouvait, elle ne voulait pas... et si elle voulait, il ne l'a jamais su.

Pourquoi a-t-il continué ? Il savait, il enseignait et répétait que l'amour n'est pas suffisant. Et alors ?

La peur !

Il est très probable que ce soit la clé de nombre de ses attitudes, et la réponse à l'énigme que pose sa vie conjugale : la crainte. Car de même qu'il était capable d'agir sans restrictions dans sa profession, de même qu'il était téméraire dans ses activités, il était fragile et peu sûr de lui dans sa vie intérieure.

Il avait un jour pensé que son véritable diagnostic psychiatrique passait plus par les phobies que par aucune autre chose. Depuis longtemps il s'était rendu compte que son hystérie était définitivement une attitude, un mécanisme de défense ou, dans le meilleur des cas, l'expression d'un désir. Cet homme était rempli de peurs. De peurs stupides et banales – telles qu'un sursaut du cœur quand le téléphone sonnait après minuit à une terreur panique à la pensée qu'il pût arriver quelque chose à l'un de ses enfants (la toux, le mal à la tête de l'un d'eux suffisaient à l'empêcher de dormir ou, du moins, d'être en paix). Et entre les deux extrêmes, superficiels et profonds, la peur de la mort..., de sa mort. Une peur qui l'a accompagné jusqu'à son dernier souffle en minant une grande partie de son existence. Les derniers temps, il se conduisait souvent comme un hypocondriaque, attentif à sa respiration, à son rythme cardiaque, à ses douleurs musculaires ou à n'importe quelle réaction de sa peau ou de ses muqueuses. Cela l'avait toujours gêné de penser qu'il était hypocondriaque, peut-être parce qu'il savait que cet accident qui l'a tué serait dissimulé par ses incessantes craintes de la maladie. Son hypocondrie était-elle une anticipation prophétique de sa mort ? Cette inquiétude concernant la mort faisait-elle partie de sa structure psychologique ou de son attitude parapsychologique d'anticipation ? Aujourd'hui, à partir d'un « après » irréversible, cette inquiétude passe pour n'avoir que peu d'importance, ou même n'en avoir pas du tout. De fait, si l'on regarde cette histoire rétrospectivement, la mort précoce pourrait également être interprétée comme la fin naturelle et désirée d'une effrayante dépense d'énergie... Mais lui ne voulait pas mourir.

Ou du moins voulait-il vivre bien plus qu'il ne voulait mourir. Car, malgré tout ce qu'on a dit, cet homme aimait la vie ; et ceux qui l'entouraient, il en était persuadé, aimaient qu'il existât. Mais attention : ce plaisir mutuel s'est toujours tenu « à distance ».

Car il avait une odieuse habitude, ou plutôt un penchant épouvantable : cette ridicule vocation de sincérité à laquelle le monde qui l'entourait n'était pas accoutumé – et n'avait d'ailleurs pas non plus l'intention de s'accoutumer. Et cette absurde manie de franchise lui causait bien des problèmes. L'homme disait : « Je suis un bon thérapeute », et on lui collait une étiquette de fanfaron.

Il « se jouait » de situations que d'autres fuyaient, et on le disait tout-puissant.

Il se vantait de ses succès, justement obtenus, et son entourage le qualifiait de vaniteux.

Il disait la vérité d'un : « Je ne veux pas te voir », et son interlocuteur lui criait qu'il était agressif.

Il cessait d'aller où il ne voulait pas et était vu comme un asocial.

Il refusait de mentir et on lui faisait remarquer sa cruauté.

Il refusait d'être « comme tout le monde », uniquement pour ne pas disparaître, et tous l'accusaient de vouloir être le centre.

Il nous faut l'admettre.

Lui qui était médecin, psychiatre, psychothérapeute, psychanalyste, analyste, professeur en communication, gestaltique et observateur plutôt incisif du dehors..., bien que cela paraisse étrange, *il n'a jamais compris les gens* !

Que reste-t-il du passage dans la vie de cet être humain ?

Valait-elle la peine ?

Il reste ses enfants et, pour cette seule raison, elle vaut la peine.

Il reste le beaucoup ou le peu (plutôt le beaucoup) que cet homme a donné, laissé, appris à ses patients.

Il reste la continuité de son travail, chez d'autres professionnels de la santé et de l'éducation qui ont appris, ou dit apprendre, auprès de lui.

Il reste le solide soutien économique qui le préoccupait tant ces dernières années.

Il reste la pensée et la manière d'écrire de cet être humain.

Il reste la trace de sa bonne humeur, de son sourire, de son originalité.

Il reste la certitude qu'on peut et « doit » lutter pour ses idées.

Ci-gît quelqu'un dont on peut dire,
sans crainte de se tromper,
qu'il a fait tout ce qu'il a pu pour être heureux...
et qu'il y a réussi!

Peut-être, après tout ce qui a été dit, l'épitaphe que lui-même a demandé qu'on inscrive sur sa tombe prend-elle tout son sens.

Un endroit dans la forêt

En octobre 1996, j'ai fait le voyage à New York afin de commencer ma quarante-septième année avec mon « frère de vie », Ioshua. Son frère de ventre, David, m'a offert ce conte hassidique que je choisis aujourd'hui de partager avec vous en guise d'adieu.

CETTE HISTOIRE NOUS PARLE d'un célèbre rabbin hassidique : Baal Shem Tov.

Baal Shem Tov était très connu dans sa communauté, car tous disaient que c'était un homme si pieux, si bon, si chaste et si pur que Dieu écoutait ses paroles lorsqu'il parlait.

Il y avait une tradition dans ce village : tous ceux qui avaient un désir insatisfait, ou avaient besoin de quelque chose qu'ils n'avaient pu obtenir, allaient voir le rabbin.

Une fois l'an, Baal Shem Tov les réunissait lors d'une journée spéciale qu'il choisissait. Et, tous ensemble, il les emmenait dans un endroit unique qu'il connaissait, au milieu de la forêt.

Une fois là, raconte la légende, Baal Shem Tov faisait un feu avec des branches et des feuilles, d'une manière très particulière, très harmonieuse ; puis il entonnait tout bas une prière... comme pour lui-même.

Et l'on dit...

... que Dieu aimait tellement les mots que prononçait Baal Shem Tov, Il était tellement fasciné par le feu allumé de cette manière, Il aimait tellement cette réunion de personnes à cet endroit de la forêt... qu'Il ne pouvait résister à ce que lui demandait Baal Shem Tov et réalisait les vœux de tous ceux qui se trouvaient là.

Lorsque le rabbin mourut, les gens s'aperçurent que personne ne connaissait les mots que Baal Shem Tov prononçait lorsque, tous ensemble, ils allaient formuler un vœu...

Mais ils connaissaient l'endroit de la forêt et savaient comment allumer le feu.

Une fois l'an, suivant la tradition que Baal Shem Tov avait instaurée, tous ceux qui avaient des besoins et des désirs insatisfaits se rassemblaient au même endroit de la forêt, allumaient le feu comme ils l'avaient appris du vieux rabbin et, comme ils ne connaissaient pas les paroles, ils chantaient n'importe quelle chanson ou récitaient un psaume, ou ne faisaient que se regarder et parler de n'importe quoi à ce même endroit, autour du feu.

Et l'on dit...
... que Dieu aimait tellement le feu allumé, Il aimait tellement cet endroit dans la forêt et ces gens rassemblés... que bien que personne ne dise les paroles adéquates, il réalisait les désirs de tous ceux qui se trouvaient là.

Le temps a passé et, de génération en génération, la connaissance s'est perdue peu à peu...

Et nous voilà maintenant.
Nous ne savons pas quel est l'endroit dans la forêt.
Nous ne savons pas quelles sont les paroles...
Nous ne savons même pas comment allumer le feu
comme le faisait Baal Shem Tov...

Je suis né aujourd'hui...

Il y a pourtant quelque chose que nous savons.

Nous connaissons cette histoire,
Nous savons ce conte...

Et l'on dit...

.. que Dieu aime tellement ce conte,
qu'Il aime tellement cette histoire,
qu'il suffit que quelqu'un la raconte,
et que quelqu'un l'écoute,
pour que Lui, content,
satisfasse tout besoin
et réalise tout désir
de tous ceux qui partagent ce moment...

Ainsi soit-il...

Table

Je suis né aujourd'hui...

Cet ouvrage a été composé et imprimé par

FIRMIN DIDOT

GROUPE CPI

Mesnil-sur-l'Estrée

en septembre 2005

Dépôt légal : septembre 2005
N° d'édition : 216/01 – N° d'impression : 74583

Imprimé en France